TATORT HAMBURG

Thomas Hirschbiegel

TATORT HAMBURG

Verbrechen, die die Stadt bewegten

HAMBURGER MORGEN POST

JUNIUS

Vorsprung durch Technik: Der Autor mit einem Handy aus der Frühzeit der Mobiltelefonie und unten bei ersten Schreibversuchen Ende der 1970er Jahre im Pressehaus am Speersort. Dort befand sich die MOPO-Redaktion bis 1980.

Mit einem Kofferradio wurde der Polizeireporter zur Legende

KEIN TATORT OHNE HIRSCHBIEGEL

Wer die Bilder in diesem Buch betrachtet, dem stellt sich unweigerlich die Frage: Wie konnte der Fotoreporter, der sie gemacht hat, nur immer so schnell am Tatort sein? Die Antwort lautet: dank Polizeifunk! Denn von 1976 bis in die 2000er Jahre hat Thomas Hirschbiegel den Hamburger Polizeifunk abgehört – Tag und Nacht.

Das alles begann im Altenheim St. Johannis am Mittelweg im feinen Hamburger Stadtteil Rotherbaum. Der Realschüler Hirschbiegel verdiente sich dort als Bote der „Pöseldorfer Apotheke" sein erstes Geld. Als Stundenlohn gab es zwei Mark, dazu kam das Trinkgeld der mitunter ziemlich betuchten Kundschaft. Und gelegentlich gab es auch Geschenke. An einem denkwürdigen Tag bekam der 16-jährige Apotheken-Bote von einer Bewohnerin des Seniorenheims ein Kofferradio geschenkt. Die noble Geberin war eine Prinzessin von Sachsen-Weimar-Eisenach, und Hoheit ahnten wohl nicht, dass sie mit ihrer Gabe den weiteren Lebensweg des Empfängers ganz entscheidend lenken würden.

Mit diesem kleinen Gerät nämlich ließ sich neben NDR und Radio Luxemburg auch „Michel 1-4" empfangen. Das waren die Namen der Hamburger Polizeifunksender. Der Empfang wurde zwar durch heftiges Rauschen gestört, aber es war doch immer alles zu verstehen. Möglich war der Empfang allerdings nur in der Küche der mütterlichen Wohnung an der Eimsbütteler Bundesstraße. Der junge Thomas schob also einen bequemen Sessel in die Küche und schlief fortan dort. Wenn dann etwas Interessantes im Funk lief, schwang er sich aufs Fahrrad, radelte an den Einsatzort und schoss seine Fotos.

Schon bald bot Hirschbiegel seine Bilder auch der MOPO an, im November 1976 erschien das erste Foto von einem Unfall mit einem Opel Rekord. Das Honorar: 40 Mark. Schnell wurde der Bildberichterstatter jetzt ständiger Gast in der MOPO-Redaktion, und im Frühjahr 1977 machte ihm Lokalchef Walter Weber ein Angebot, das der Oberstufenschüler nicht ablehnen konnte: „Schule wird überschätzt. Fang hier an, du verdienst locker 1000 Mark im Monat." Thomas ließ das Abi sausen und fing am 1. Juni 1977 als 17-jähriger „Fester Freier" bei der MOPO an.

Zu dieser Zeit und in den 1980er Jahren wuchs die Kriminalität in Hamburg rasant, und entsprechend landeten Hirschbiegels dramatische Fotos von Verbrechen, Großfeuern oder Unfällen fast täglich in der ersten deutschen Boulevardzeitung. So oft jedenfalls, dass er sich heute nicht mehr an jedes Bild und seinen Anlass wie etwa das auf dem Cover dieses Buchs erinnert. Um in diesem Takt liefern zu können, schlief der Reporter mit vier professionellen Funk-Scannern am Bett. Meist ging er zeitig schlafen. Der Funk lief die ganze Zeit nebenbei.

Wenn schließlich gegen drei oder vier Uhr morgens auf der Reeperbahn geschossen wurde, wurde es auch im Polizeifunk laut und hektisch. Hirschbiegel war immer schnell wach, sprang aus leichtem Schlaf in die Klamotten und fuhr mit einem VW Polo 1 zu den Tatorten, wo ihn schon bald viele Polizisten kannten und dem „schnellsten Reporter" Hamburgs immer mehr Respekt zollten. Zum Markenzeichen wurde dort nicht zuletzt sein schneeweißer Golf GTI I, den er sich nun leisten konnte.

1981 stürzte Thomas Hirschbiegel bei einem Großbrand durch das Dach einer Lagerhalle rund sechs Meter tief auf den Betonboden. Die Folge: Wirbelbrüche, Fußbruch und innere Verletzungen. Doch schon drei Wochen später war der Reporter mit Korsett und Krücken wieder unterwegs. Als sich ab dem Jahr 2000 die Folgen des schweren Unfalls immer mehr bemerkbar machten, musste Hirschbiegel aufs nächtliche Rausfahren verzichten. Polizeireporter blieb er aber, arbeitete nun als „Schreiber" und ärgerte auch vom Schreibtisch aus mit Exklusiv-Storys in der MOPO die übermächtige Konkurrenz der *Bild*.

Am 1. Juni 2023 hat Thomas Hirschbiegel sein 46-jähriges Dienstjubiliäum bei der MOPO gefeiert. Heute ist er Chefreporter und wird wohl auch den 50. Jahrestag des Dienstantritts bei seinem ersten Arbeitgeber verbringen.

„Diamanten-Willi" ist Stammgast auf der Messe „Du und deine Welt".

Ein Räuber-Trio brachte den Schmuckhändler um alles, was er besaß.

DAS JÄHE ENDE EINER MESSE

„Hotel Vorbach" – das ist seit Jahrzehnten eine gute Adresse an der Johnsallee in Rotherbaum. Das gediegene Haus ist bei Geschäftsreisenden wie Touristen beliebt. Auch Schmuckhändler Willi W. war hier jahrelang immer gern abgestiegen – bis er vor beinahe 43 Jahren Opfer eines spektakulären Überfalls wurde. Die Täter entkamen mit Beute in Millionenhöhe!

Die Messe „Du und deine Welt" ist für den 42-jährigen Schmuckhändler, den Freunde „Diamanten-Willi" nannten, ein voller Erfolg. Erschöpft, aber zufrieden kommt er am Abend des 4. September 1977 im Hotel Vorbach an.

Schon seit Jahren besucht Willi W. aus dem kleinen Ort Schönenberg bei Kaiserslautern die bekannte Hamburger Publikumsmesse. Der biedere Pfälzer handelt seit Jahrzehnten mit Schmuck. Er besitzt eine kleine Firma, die Edelsteine schleift und hochwertige Schmuckstücke auch selbst anfertigt.

Als er an diesem Sonntag seinen Stand in Halle 2A des Messegeländes an der Karolinenstraße abbaut, steckt er 65.000 Mark in bar und Schecks für 25.000 Mark in einen braunen Reisekoffer. Wie gesagt – die Geschäfte in Hamburg laufen gut für ihn.

In Begleitung seiner 39-jährigen Frau Lotte und der Angestellten Hilde S. (50) und Rudi H. (30) fährt er gegen 20.10 Uhr beim Hotel Vorbach vor und betritt das Foyer. Willi W. drückt gerade den Fahrstuhlknopf, als zwei Männer und eine auffallend dicke Frau auf die kleine Gruppe zustürmen. Sie alle tragen Strumpfmasken und vermutlich blonde Perücken. Mit vorgehaltenen Waffen drohen sie: „Lassen Sie die Koffer fallen, wir schießen sofort."

Um die Drohung zu bekräftigen, rammen die Gangster dem Angestellten Rudi H. eine Spritze in den Arm. Der Mann bricht zusammen. Die Spritze enthält offenbar ein Betäubungsmittel. Die Schmuckhändler lassen die Koffer fallen. Das Räuber-Trio treibt die Opfer in den Keller des Hotels und droht: „Bleibt zwei Minuten drin, sonst knallt's!" Die Gangster schnappen sich drei grüne Schmuckkoffer (Inhalt: Geschmeide im Wert von drei Millionen Mark) und den braunen Reisekoffer mit den Tageseinnahmen, rennen auf die Johnsallee. Dort springen sie in einen roten Fiat mit Segeberger Kennzeichen. Die dicke Frau setzt sich ans Steuer und gibt Gas. Die 17-jährige Passantin Anke S. kann gerade noch zur Seite springen. Die Schülerin: „Das war ein Fiat 127, die sind wie die Irren Richtung Dammtor gerast, aber die Autonummer hab' ich mir notiert."

Die Polizei ist in wenigen Minuten vor Ort, lobt die aufmerksame Zeugin. Doch trotz Großfahndung mit mehr als zwanzig Streifenwagen können die Räuber entkommen. Das Kennzeichen ist als gestohlen gemeldet. Die einzige Spur: Leere Schmuckschatullen, ein Koffer, die Handtasche von Lotte W. und zwei Schmuckstücke werden einen Tag nach dem Überfall am Flamingoweg in Stellingen ganz in der Nähe der Autobahn 7 entdeckt. Und auch der gestohlen gemeldete Fluchtwagen wird in Lokstedt aufgefunden.

Schmuckhändler Willi W. steht nach dem Überfall vor dem Nichts: „Die haben alles mitgenommen, was ich besitze, die Kommissionsware noch dazu. Und versichert sind die Sachen nur mit 500.000 Mark." Verzweifelt setzt er eine hohe Belohnung für die Wiederbeschaffung und für Hinweise auf die Täter aus – ohne Erfolg. Für die Kripo ist klar: Die Täter waren bestens informiert über die Gewohnheiten des Kaufmanns, hatten vermutlich Insiderwissen.

Der Fall ist niemals aufgeklärt worden, auch die Millionenbeute blieb verschwunden. Vermutlich haben die Räuber den Schmuck einschmelzen lassen.

Vor dem Nichts: Schmuckhändler „Diamanten-Willi" zusammen mit seiner Frau und einer Mitarbeiterin direkt nach dem Überfall vor dem Hotel Vorbach

HOTEL-PENSIONEN
Johnsallee
63
MANUELA · VORBACH

Eine Entführung missglückt: Als sich der Multimillionär Herbert Metelmann wehrte, wurde er im Fahrstuhl zu seinem Büro kaltblütig erschossen.

MORD AM „SUGAR KING" IN DER INNENSTADT

Die Schüsse fielen im Fahrstuhl zwischen der zweiten und dritten Etage des Hauses Rathausstraße 13. Firmenchef Herbert Metelmann (72) wurde tödlich getroffen. Wochenlang rätselte man 1977 über das Motiv des Mordes an dem Multimillionär. Dann kam es zu einer überraschenden Aufklärung des Falls.

Die Firma Gebrüder Metelmann handelte mit Zucker, Getreide und Futtermitteln, vor allem der Zuckerhandel hatte die Metelmanns reich gemacht. Herbert Metelmann hieß in der Branche nur „The Sugar King".

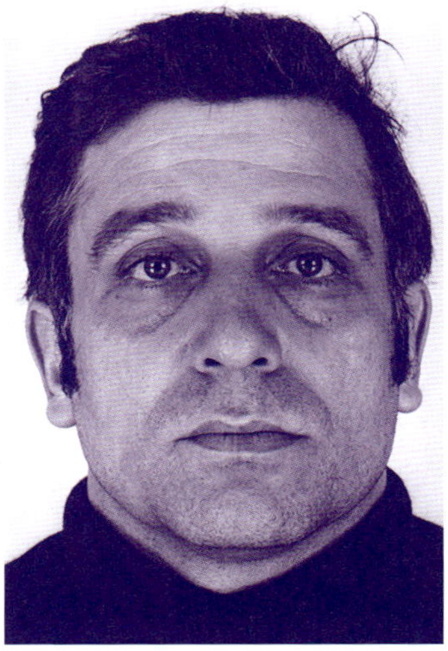

Am 14. November 1977 betrat der Unternehmer um 15.30 Uhr den Firmensitz unweit des Rathauses im vierten Stock des „Nordsternhauses". Als Herbert Metelmann in den Fahrstuhl stieg, drängte sich sein Mörder mit in die Kabine. Er feuerte mit einem 38er Smith & Wesson-Revolver auf sein Opfer. Von Kugeln in Herz und Lunge getroffen, brach der Firmenchef in der Fahrstuhlkabine zusammen.

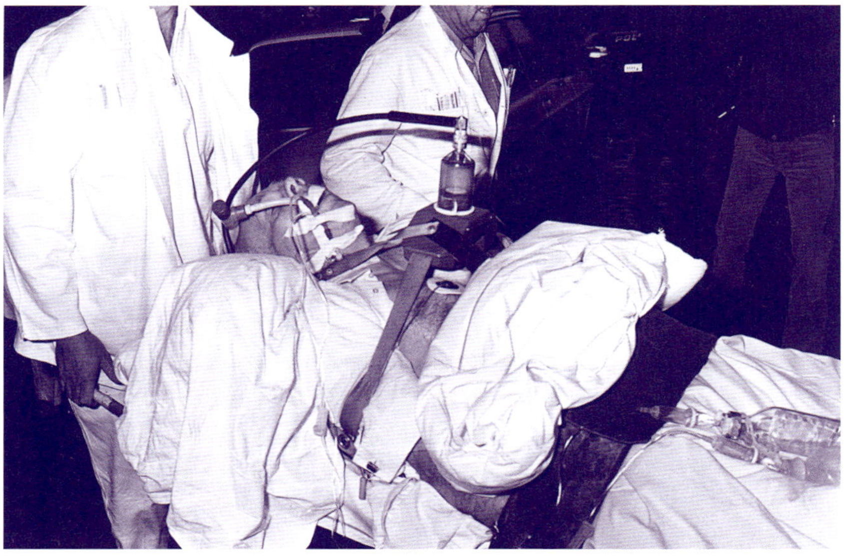

Sein Prokurist Axel K. (41) hörte die Schüsse und stürmte auf den Flur. Als er die Fahrstuhltür aufriss, schoss ihm der Täter in die Hüfte. Der Schütze rannte dann auf die Straße. Dabei hinterließ er eine Blutspur. Er hatte sich beim Schießen an der Hand verletzt. Der Notarztwagen brachte Herbert Metelmann ins Krankenhaus St. Georg, dort starb er kurz nach der Einlieferung.

Die Polizei rückte mit dem Mobilen Einsatzkommando an, ein Polizeihubschrauber kreiste im Tiefflug über der City. In einem Hausflur an der Mönckebergstraße entdeckten Polizisten weitere Blutspuren. Vermutlich hatte sich der Schütze hier umgezogen. Der etwa dreißig Jahre alte Mann entkam. Die Firma Metelmann setzte 25.000 Mark Belohnung für die Ergreifung des Mörders aus.

Irgendwann bekam die Polizei den entscheidenden Hinweis auf den 36-jährigen Berufsverbrecher Eugen Johann Reinfurt. Am 14. Dezember 1977 verließ der Österreicher eine Reinigung an der Lappenbergsallee in Eimsbüttel, als Beamte ihn überwältigten. Reinfurt hatte noch versucht, seinen Revolver zu ziehen. In seiner nahen Wohnung entdeckte die Polizei ein Waffenarsenal.

Der 36-Jährige hatte bereits in Schweden Überfälle begangen, war verhaftet worden und konnte nach fünf Jahren aus dem Knast flüchten. 1976 und 1977 überfiel er in Norddeutschland fünf Spielkasinos. Unter anderem in Hittfeld und Bad Harzburg erbeutete der Gangster 750.000 Mark.

Im Dezember 1978 stand Reinfurt vor Gericht. Dabei kam heraus, dass bei ihm ein Notizbuch mit den Namen von neun Hamburger Multimillionären, darunter Verleger John Jahr und Kaffee-König Nicolaus Darboven, gefunden worden war. Herbert Metelmanns Name war der dritte auf der Liste. Reinfurt wollte ihn entführen und ein Lösegeld in Höhe von fünf Millionen Mark erpressen. Doch der alte Herr wehrte sich. Deswegen musste er sterben.

Johann Reinfurt wurde zu lebenslanger Haft verurteilt. Er ist inzwischen verstorben.

Linke Seite: Der Mörder Eugen Johann Reinfurt starb im Knast. Rettungssanitäter der Feuerwehr bringen sein Opfer Herbert Metelmann (72) zum Notarztwagen.

Rechts: Zwei Stunden lang war das Haus nach der Tat von Polizei belagert, Hausmeister Heinz W. gibt einen Zeugenbericht.

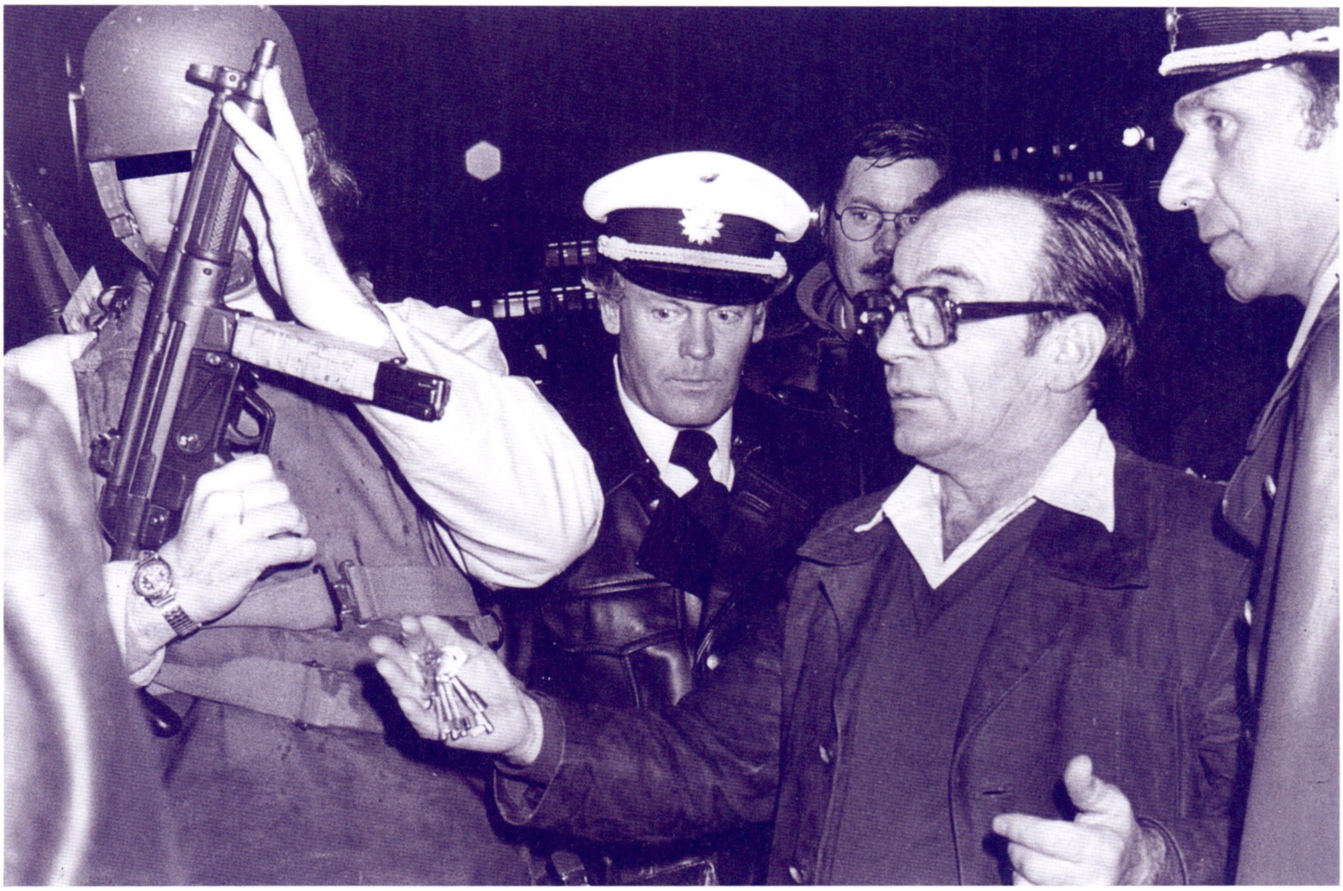

Frühmorgens empfängt ein Bankräuber-Duo die Mitarbeiter einer Bank zur Arbeit. Mit einer raffinierten Masche erbeuteten die Täter sehr viel Geld.

BLICK IN DEN LAUF EINER SCHROTFLINTE

Die beiden Gangster, die am 20. September 1977 in die Bank für Gemeinwirtschaft an der Osterstraße in Eimsbüttel einsteigen, sind eiskalte Profis. Sie bedrohen die Angestellten mit einer doppelläufigen abgesägten Schrotflinte und plündern den Tresor aus. Das Duo entkommt mit 308.000 Mark. Nicht der einzige Raub der beiden.

In den 70er und 80er Jahren gab es in Hamburg jährlich Dutzende Banküberfälle. Die Täter waren meist Amateure, die während der Öffnungszeiten mit einer Gaspistole herumfuchtelten und selten mehr als 20.000 Mark erbeuteten. Das war nicht die Liga, in der die beiden Räuber spielten, von denen hier die Rede sein soll. Sie kamen nachts, und die paar Scheine, die tagsüber in der Kassenbox lagen, interessierten sie nicht. Sie wollten den kompletten Tresorinhalt.

Das war auch ihr Ziel in der Bank an der Osterstraße. Gegen 3 Uhr drückten sie mit einem Wagenheber an der Rückfront des Geldinstituts ein Fenstergitter auseinander und stiegen ein. Ein Rentner in einer Wohnung über der Bank hört die Geräusche, denkt sich aber nichts dabei.

Alarmgesichert waren die Fenster von Banken und Sparkassen damals noch nicht. Die beiden Täter, sie waren etwa vierzig Jahre alt, machten es sich in der Bank gemütlich und warteten seelenruhig auf die Ankunft des ersten Mitarbeiters. Um 7.55 Uhr schloss Filialleiter Wilfried B. (31) die Tür auf und blickte in den Doppellauf der Schrotflinte. Er wurde gezwungen, die Alarmanlage des Tresors im Keller der Bank abzuschalten und den Safeschlüssel herauszugeben. Dann fesselten ihn die beiden maskierten Verbrecher mit schwarzem Klebeband.

Wenig später trafen der Kassierer (36) und zwei weitere Angestellte (19/25) ein. Auch sie wurden überwältigt und gefesselt. Die Räuber stopften derweil in Ruhe den Inhalt des Tresors in eine mitgebrachte Reisetasche. Ohne Hast gingen sie vom Tatort weg und ließen die Schrotflinte, ein spanisches Fabrikat, zurück. Fingerabdrücke gab es keine, die Täter trugen natürlich Handschuhe. Und DNA-Spuren waren damals noch unbekannt.

Die gefesselten Bankangestellten konnten sich schließlich bemerkbar machen. Die Polizei glaubte zunächst an eine Geiselnahme. Dutzende mit Maschinenpistolen bewaffnete Beamte riegelten die Bank ab und drängten Schaulustige auf der belebten Einkaufsstraße ab. Schließlich betraten die Polizisten die Bank und befreiten die gefesselten Mitarbeiter.

Die Kripo hatte keinen Ermittlungsansatz. Und das Profi-Bankräuberduo schlägt wieder zu. In einer Zweigstelle der Landeszentralbank am Platz der Republik in Altona sackten die Gangster sagenhafte 500.000 Mark ein. In der Vereins- und Westbank an der Blankeneser Hauptstraße waren es dann aber „nur" 140.000 Mark. Immer waren die Täter nachts eingebrochen und hatten die Angestellten überrascht.

Wahrscheinlich gingen damals weitere Überfälle in Hamburg und dem Umland auf das Konto der beiden Männer. Dann riss die Überfallserie ab. Das Duo hatte offenbar genug Geld erbeutet. Klug von den Tätern. Die Kripo arbeitete inzwischen mit neuen Fahndungskonzepten. Außerdem wurden geheime Zeichen vereinbart, die der erste eintreffende Bankangestellte setzen musste. Blieben diese aus, betraten seine Kollegen das Geldinstitut nicht, sondern riefen die Polizei.

Das erfolgreiche Räuberduo konnte nie ermittelt werden. Die Männer dürften heute beide über achtzig Jahre alt sein, sofern sie noch leben.

Dieser Senior wohnte in dem Gebäude und hörte die ungewöhnlichen Geräusche aus der Bank. Hinten lächelt ein Beamter mit umgehängter MP.

AFT
ESOR

SEXUALMÖRDER VERSTAUTE SEIN OPFER IM KOFFER

Ein etwa 35 Jahre alter Mann im dunklen Anzug trägt einen blutverschmierten beigen Kunstlederkoffer mit beiden Händen vor der Brust. Ein Kinderarm hängt aus dem Gepäckstück heraus. Diese Szene ist unfassbar, ja, surreal. Doch genau so hat sie sich vor 45 Jahren im Schanzenviertel abgespielt. Der Unbekannte war ein Sexualmörder. Sein Opfer der sechsjährige Jörg H.

Passanten entdecken am 18. Dezember 1977, einem Sonntag, um 16.52 Uhr den Koffer an der Sternstraße. Der Notarzt kann nur noch den Tod des Kindes feststellen, das sich in dem Koffer befunden hatte. Das Opfer war schwer geschlagen und dann erwürgt worden. Anschließend hatte sich der Mörder an dem Leichnam vergangen.

Noch während der Tatort-Arbeit meldet sich Vera H. (34) bei den Polizisten. Sie will ihren Sohn als vermisst melden. Es ist Jörg H., das Mordopfer. Als die Frau ihr totes Kind sieht, bricht sie zusammen.

Die Mordkommission befragt Anwohner. Ein Zeuge meldet sich, er habe einen schlanken Mann mit gewellten schwarzen Haaren Sonntagnachmittag mit dem Koffer an der Sternstraße gesehen. Polizisten entdecken einen roten Stiefel des Kindes im Flur des Hauses Kampstraße 38. Hier war vermutlich der Tatort. Das Elternhaus des Jungen befindet sich ganz in der Nähe.

Die Polizei bittet die Öffentlichkeit um Mithilfe bei der Aufklärung des Verbrechens. Mehr als fünfzig Hinweise gehen bei der Kripo ein – doch keiner führt zum Täter. Im Viertel rund um die Sternstraße herrscht Angst. Niemand lässt seine Kinder ohne Aufsicht auf die Straße. Der Spielplatz an der Beckstraße ist verwaist. Am 30. Dezember erfolgt die Beisetzung des Kindes auf dem Friedhof Ohlsdorf. Der Kindermord ist bis heute nicht geklärt.

Jörg H. (oben) wurde nur sechs Jahre alt und hinterließ neben seinen Eltern auch einen Bruder (links). Die Familie lebte im Haus Kampstraße 27 (rechte Seite).

SEIT 1938 Max Herrlich + Sohn
TEL. 43 35 58
Hagesüd
Wurstgewürze und Hilfsstoffe zur Fleischverarbeitung
GEWÜRZE
Hagesüd
VERKAUF NEBENAN
Därme-Jnnereien-Gewürze
Ruf: 43 35 58
Max Herrlich
Ruf: 43 35 58
nitrofit
Hagesüd

Mit Schlaftabletten schalten Schmuckräuber ihr Opfer aus.
Zwar scheiterten sie am Tresor, machten aber reiche „Trostbeute".

SPEKTAKULÄRER SCHMUCKRAUB BEI WEMPE

Passanten, die am Morgen des 25. Juli 1978 bei Wempe an der Spitalerstraße vorbeigingen, fielen zwei Männer auf, die die Auslagen zusammenrafften. Doch sie hielten sie für Schaufensterdekorateure und unternahmen nichts. Tatsächlich waren die „Dekorateure" Räuber und die Passanten Zeugen eines der spektakulärsten Schmuckraube der Hamburger Kriminalgeschichte.

Der Coup mitten in der Hamburger Innenstadt war penibel geplant. Am Vorabend der Tat klingelte es gegen 20 Uhr bei Wempe-Filialleiter Karl K. (50) an dessen Wohnungstür am Mittelweg. Eine Männerstimme sagte: „Ich habe eine dringende Nachricht von Herrn S." Rolf S. ist der Vertreter von Karl K. im Geschäft an der Spitalerstraße. Arglos öffnet der 50-Jährige Filialleiter und blickt in den Lauf einer Pistole. Karl K. damals: „Er drückte mir den Lauf der Waffe in den Rücken und verband mir die Augen."

Der Geschäftsmann muss sich auf ein Sofa legen. Der etwa 35 Jahre alte Gangster sagt: „Ich hab sie seit zwei Wochen beobachtet. Ich weiß alles über sie. Jetzt will ich die Schlüssel für Laden und Tresor." Karl K. muss auch erklären, wie das mit der Alarmanlage läuft. Sie kann erst um acht Uhr mit einem Extraschlüssel ausgeschaltet werden. Wer vorher den Laden betritt, löst unweigerlich Alarm aus. Der Räuber ruft einen Komplizen an: „Heute Abend wird das nichts ..." Der Täter reagiert eiskalt, er zwingt sein Opfer, acht starke Schlaftabletten zu schlucken, dann greift er sich Hermann Hesses Buch „Das Glasperlenspiel" aus dem Regal und wartet.

Karl K. wird ohnmächtig. Erst 15 Stunden später erwacht er. Zu diesem Zeitpunkt ist sein Geschäft längst geplündert.

Doch ganz so wie geplant läuft der Raubzug für die beiden Täter dann doch nicht ab. Zwar schaffen sie es mit den erpressten Schlüsseln, das Geschäft zu öffnen, ohne den Alarm auszulösen, doch am mannshohen Tresor scheitern sie. Der Safe ist nur mit zwei Schlüsseln zu öffnen. Einer hat ein Gelenk. Und diesen Schlüssel brechen die beiden Täter aus Nervosität im Schloss ab. Im Tresor liegen Rolex-Uhren aus purem Gold, dicke Diamantklunker und andere Luxusuhren im Millionenwert. Als „Trost" machen sich die beiden Männer über die Auslagen her. Die Beute, die sie hier machen, ist auch nicht schlecht. Sie raffen, wie gesagt vor den Augen von Passanten, Rolex-Uhren aus Stahl, Rubin-Colliers, Smaragdringe und goldene Dupont-Feuerzeuge im Wert von gut 800.000 Mark zusammen. Die Gangster entkommen,

Minuten später trifft Vize-Filialleiter Rolf S. im Laden ein und alarmiert die Polizei. Die Kripo konnte das dreiste Räuber-Duo nie ermitteln. Auch die hochkarätige Beute ist bis heute nicht wieder aufgetaucht.

Unmittelbar nach Bekanntwerden des Coups stehen geschockte Mitarbeiter in ihrem ausgeplünderten Geschäft (unten). Ein Polizist sperrt den Tatort an der Spitalerstraße ab (rechte Seite).

WIRTH
WEMPE
SEIKO Feinuhrmacher & Juwelier Ω OMEGA
UHREN WEMPE JUWELEN
UHREN WEMPE JUWELEN
POLIZEI
HH 7284

Jürgen P. erbeutet 1978 in der Kunsthalle 23 Meisterwerke im Wert von mehreren Millionen Mark.

HAMBURGS GRÖSSTER KUNSTDIEB – EIN ZIERFISCH-HÄNDLER!

Die Alarmanlage war altersschwach und die drei Nachtwächter nicht gerade die Hellsten. Nein, schwer gemacht hat es die Kunsthalle dem frechsten Kunstdieb der Hamburger Kriminalgeschichte wirklich nicht. So schaffte es der Zierfisch-Händler Jürgen P. (damals 36) am 29. Juli 1978 spielend, 23 Gemälde zu stehlen. Der Ganove war eine gescheiterte Existenz. Als Tellerwäscher versuchte er sich, war Grafiker, Taxifahrer und Cola-Verkäufer. Nix klappte so richtig, auch der Laden für Zierfisch-Bedarf, den er in den 70er Jahren in Wandsbek eröffnet hatte, florierte nicht gerade.

Jürgen P. drückten Schulden. Aber das Eintrittsgeld für die Kunsthalle hatte er doch immer übrig. Der ehemalige Bundeswehr-Fallschirmjäger war stark an bildender Kunst interessiert, fast täglich besuchte er die Kunsthalle. Dabei fiel ihm auf, dass die Wächter im Rentenalter und die Sicherungsmaßnahmen ein Witz waren. Offenbar konnte sich die Leitung der Kunsthalle damals gar nicht vorstellen, dass es Einbrecher auf die Kunstwerke im Wert von etlichen Millionen abgesehen haben könnten.

Am Sonnabend, dem 29. Juli 1978, ließ sich der Dieb um 19 Uhr dann einfach in dem Gebäude einschließen. Zweieinhalb Stunden lang sah sich der Mann in aller Ruhe in Hamburgs wichtigstem Kunstmuseum um, brach schließlich 23 Bilder aus den Rahmen. Darunter „Vor dem Spiegel“ von Edgar Degas (1834–1917) und „Madame Hériot“ von Pierre-Auguste Renoir (1841–1919). Die Bilder hatten schon damals jedes einen Wert von deutlich mehr als zehn Millionen Mark. Heute dürften es um die 100 Millionen Euro sein.

Während Jürgen P. ganz in Ruhe die Kunsthalle durchstöberte, dösten die drei Nachtwächter in einem anderen Trakt des großen Hauses und merkten gar nichts von dem Coup, der gerade ablief. Der Bilderdieb verstaute die Kunstwerke schließlich in einem großen Alukoffer, kletterte aus einem Fenster im Hochparterre und flüchtete zu den Bahngleisen am Hauptbahnhof.

Jürgen P. entkam im VW Käfer seiner Freundin. Die Beute versteckte er in ihrer Wohnung an der Kaiser-Wilhelm-Straße in der Neustadt. Er hatte vor, erst mal ein paar Wochen in Ruhe abzuwarten – und dann der Kunsthalle die geklauten Werke zum Rückkauf anzubieten. Gut 500.000 Mark „Lösegeld“ wollte der Ganove fordern. Er träumte davon, danach alle finanziellen Sorgen los zu sein. Es blieb ein Traum.

Denn nachdem alle Zeitungen der Stadt groß über den Hamburger Kunst-Coup des Jahrhunderts berichtet hatten, erinnerte sich die Pächterin des Cafés in der Kunsthalle an einen Mann, der täglich Bilder fotografiert und bei ihr immer Kaffee getrunken hatte. Nur fünf Tage nach dem Diebstahl sah Veronika S. (33) den schlanken Mann mit dem Oberlippenbart zufällig am Großneumarkt in der Neustadt und rief sofort die Polizei. Die nahm den Zierfisch-Händler fest. Erst leugnete der 36-Jährige, doch nachdem die Bilder in der Wohnung seiner Freundin gefunden worden waren, legte er ein Geständnis ab. Noch 1978 begann der Prozess vor dem Hamburger Landgericht, schließlich war die Beweislage glasklar.

Jürgen P. sagte vor Gericht: „Ich wollte alle überlisten und empfand eine diebische Freude, als mir der Coup gelang.“ 1979 wurde der Dieb zu einer mehrjährigen Haftstrafe verurteilt. Was aus dem Mann, der heute 78 Jahre alt wäre, nach der Entlassung aus dem Gefängnis geworden ist, ist unklar.

„Vor dem Spiegel“ von Edgar Degas und Pierre-Auguste Renoirs „Madame Hériot“ waren damals die wertvollsten gestohlenen Werke. Sie überstanden den Coup fast unbeschädigt, hängen heute wieder in der Kunsthalle.

Oben: Der Tatort 1978 – damals fuhr die Polizei Ford Granada. Unten: Geknickt zwischen leeren Bilderrahmen: Wissenschaftssenator Hansjörg Sinn am Schauplatz des spektakulärsten Kunstdiebstahls in der Geschichte Hamburgs

Ein ehemaliger Nachbar tötet und missbraucht einen zehnjährigen Jungen. „Spur 27“ überführte den Täter.

KINDERMORD IM ABBRUCHHAUS

Amsinckstraße 27 – die Adresse in Hammerbrook gibt es nicht mehr. Hier befindet sich heute eine Brachfläche. Irgendwann soll hier wohl einmal ein Bürohaus hochgezogen werden. Vor 44 Jahren stand an dieser Stelle ein heruntergekommener Altbau. Und der wurde im Juni 1978 zum Tatort eines Kindermords.

Detlef M. (10) war das Nesthäkchen der Familie M. Seine Mutter Magdalena (40) sprach nur von ihrem „Sonnenschein“, wenn es um das jüngste ihrer fünf Kinder ging. Der Schüler war sehr aufgeweckt, spielte gern mit seinem getigerten Kater „Moritz“ und zog wie alle Jungs in seinem Alter gerne um die Häuser, immer auf der Suche nach interessanten Orten zum Spielen und Entdecken.

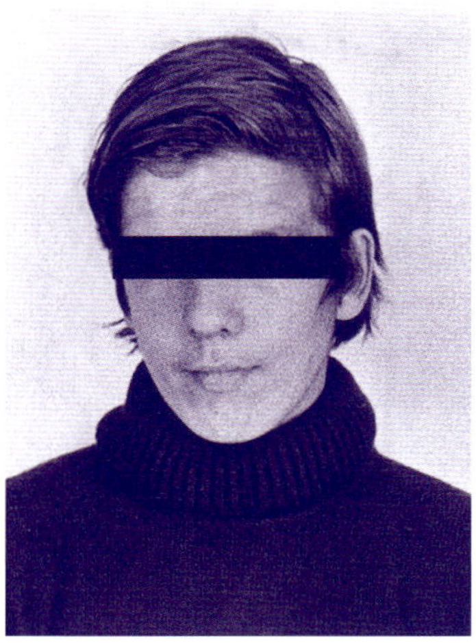

Deswegen machte sich Familie M. am Abend des 13. Juni 1978 auch zunächst keine Sorgen, als der Zehnjährige nicht pünktlich nach Hause kam. Doch als der Junge um 21 Uhr immer noch nicht da war, rief Familie M. die Polizei. Die Beamten befragten Anwohner der Amsinckstraße und der nahen Rosenallee.

Zwei Schüler sagten aus, Detlef noch gegen 16 Uhr an einem Parkplatz beim Haus Amsinckstraße 27 gesehen zu haben. Dort befand sich ein großes Hinterhaus mit zwei Eingängen, das größtenteils leer stand und abgerissen werden sollte.

Nach intensiver Suche entdeckten Polizisten hier um 22.45 Uhr in einem Verschlag des Dachbodens die Leiche des vermissten Kindes. Gerichtsmediziner stellten fest, dass der Junge erdrosselt und missbraucht worden war.

Magdalena M. brach zusammen, als sie vom Tod ihres Sohnes erfuhr. Ihre älteste Tochter Dorothea (20) versuchte die verzweifelte Mutter zu trösten. Vater Peter M. (43) weinte hemmungslos. Schon einen Tag später konnte der Mord aufgeklärt werden.

Ein Anwohner hatte gegenüber der Kripo erklärt, er habe Detlef M. zusammen mit dem 18-jährigen Erwin D. (Name geändert) gesehen. Der Hinweis wurde als „Spur 27“ registriert und er führte die Mordkommission zum Täter. Der 18-Jährige kannte den Jungen. Sie waren früher einmal Nachbarn gewesen. So war Detlef M. dem Älteren arglos ins Abbruchhaus gefolgt.

Die Beamten nahmen Erwin D. fest. Der gestand den Mord sofort. Der 18-Jährige sagte aus, Detlef M. habe sich gegen seine sexuellen Übergriffe gewehrt, und ergänzte stockend: „Da hab ich ihn erwürgt.“ Anschließend verging sich der Täter an dem toten Opfer.

Täter und Opfer: Der 18-jährige Erwin D. (oben, Name geändert) gestand den Mord an dem zehnjährigen Detlef M. (unten), der auf dem Bild mit seinem geliebten Kater Moritz posiert.

Der Tatort: Amsinckstraße 27. Der Altbau wurde kurz nach dem Mord abgerissen.

ELTERNMORD IM FEINEN HARVESTEHUDE

„Gediegene Adresse" sagt der alteingesessene Hamburger, wenn von einem Haus wie dem Gründerzeit-Bau Hochallee 16 die Rede ist. Das gut 120 Jahre alte Gebäude im schönsten Harvestehude strahlt eine gewisse Noblesse aus. An Gewaltverbrechen, gar einen Doppelmord, denkt hier heute sicher keiner. Doch am 3. Dezember 1979 stirbt in einer Wohnung ein Schlachter-Ehepaar durch Schüsse aus einer Maschinenpistole!

Max (43) und Telse (42) V. stammen aus Dithmarschen und haben sich mit großem Fleiß den eigenen Fleischerladen an der Hansastraße unweit ihrer Wohnung aufgebaut. Damals ist die Konkurrenz unter den Hamburger „Schlachtern" noch groß, in jedem Stadtteil gibt es Dutzende Läden. Das Ehepaar V. setzt in dieser Situation auf „ausgefallene Wurstwaren für gehobene Ansprüche". Das Konzept geht auf. Neben den wohlhabenden Harvestehudern kommen auch Promis wie „Tagesschau"-Sprecher Jo Brauner.

Für das Schlachter-Ehepaar ist klar: Sohn Peter (Name geändert) soll das Geschäft einmal übernehmen. Und genau da beginnt das Problem. Der damals 17-Jährige träumt nicht gerade von einem Leben hinter der Schlachtertheke. Doch zähneknirschend fügt er sich und beginnt eine Fleischerlehre. Aber die Konflikte, vor allem mit dem Vater, verschärfen sich. Sogar von Schlägen des Schlachters ist die Rede.

Immer wieder bespricht Peter mit seinem Freund Björn S. (17) (Name geändert) die für ihn so unerträgliche Situation. Der, gebürtiger Schwede, war einmal ein Sport-Ass, glänzte beim Fußball und beim Schwimmen. Doch dann erkrankte der Junge am Pfeifferschen Drüsenfieber, konnte kaum noch Sport treiben. Björn S. wurde übergewichtig und begann zu trinken. Die jungen Männer reden sich in Rage, wollen raus aus ihren verkorksten Lebensläufen. In dieser Situation fasst der Schlachterlehrling wider Willen einen entsetzlichen Entschluss: Die Eltern sollen sterben!

Der durchaus zielstrebige 17-Jährige bearbeitet seinen Kumpel. Der ist von seiner chronischen Krankheit angeschlagen, hat wenig Willenskraft. Schließlich überredet Peter V. seinen Freund, die Eltern zu töten. 4000 Mark soll er für den Doppelmord bekommen. Und dann verspricht er dem künftigen „Auftragskiller" noch: „Wenn die Alten tot sind, werde ich Universalerbe. Dann teilen wir das Geld und hauen ab." Björn S. ist einverstanden, sein Motiv neben dem Geld: Er will sich endlich einmal in seinem Leben richtig „beweisen".

Beide sind sich einig, und Peter V. erinnert sich an einen 32-jährigen Studenten vom Schlump, der im Laden immer so gern Grützwurst gekauft hat. Von dem hieß es, der könne Waffen jeder Art besorgen. Unglaublich – der Mann verkauft dem 17-Jährigen eine Maschinenpistole aus dem Zweiten Weltkrieg für 1500 Mark.

Zwei Wochen überlegen die beiden jungen Männer, wie die Tat verübt werden soll. Drei Versuche auf der Straße scheitern, weil die Opfer sich verspäten oder Termine in einer Tanzschule gar nicht wahrnehmen. Doch am 3. Dezember 1979 ist es so weit. Kurz vor 21 Uhr sitzt das Ehepaar V. in der Dreieinhalb-Zimmer-Wohnung vor dem Fernseher und schaut eine Verfilmung des Familiendramas „Die Buddenbrooks" von Thomas Mann.

Peter V. ist in sein Zimmer gegangen und hat den Eltern vorher noch herzliche Grüße der Großmutter bestellt. Björn S. steigt dann wenig später über den Balkon in die Wohnung ein. Er lädt die Maschinenpistole vom Typ „Schmeisser" durch, stürmt ins Wohnzimmer und drückt ab. Dauerfeuer! 15 Geschosse vom Kaliber neun Millimeter feuert der junge Täter ab. Die Opfer, die auf dem Sofa und einem Sessel sitzen, sind sofort tot.

Der Schütze packt die Maschinenpistole in eine braune Reisetasche und flüchtet in die Eppendorfer Kultkneipe „Schramme" am Schrammsweg. Hier übergibt er die Mordwaffe einem nichts ahnenden Bekannten.

Die alarmierte Polizei trifft vor Ort auf den Sohn der Opfer. Der bricht auf dem Polizeirevier angeblich mit einem Schock zusammen. Bei der Kripo verstrickt Peter V. sich aber in der Vernehmung schnell in Widersprüche. Schließlich bricht es aus ihm heraus: „Ich habe mich wie ein Sklave gefühlt, wurde ausgebeutet. Ich wollte das Geld meiner Eltern, um mir ein schönes Leben zu machen." Wenig später wird nachts auch der Mordschütze in der Eppendorfer Wohnung seines Vaters durch das Mobile Einsatzkommando festgenommen.

Schon acht Tage später ist die Beisetzung des Ehepaars V. in Dithmarschen. Der Pastor sagt: „Es ist etwas Entsetzliches geschehen, das uns an unserem Glauben zweifeln lässt." Der Geistliche plädiert dafür, die beiden jungen Täter nicht zu verdammen. Man müsse ihnen nach Verbüßung ihrer Haftstrafe die Möglichkeit für einen Neubeginn verschaffen. Damit griff der Pastor eine Bitte der Großeltern von Peter V. auf. Am Grab schließt er mit den Worten: „Bei allem ohnmächtigen Zorn ob dieser grausigen Bluttat sollten wir alle hoffen, dass Peter und Björn gerechte Richter finden werden, die in ihnen Menschen sehen, die gefehlt haben."

Ein halbes Jahr später kommt es vor dem Hamburger Jugendgericht zum Prozess. Die beiden Täter werden im Juli 1980 wegen Mordes zu jeweils acht Jahre Jugendstrafe verurteilt. Richter Roland Makowka resümiert in seiner Urteilsbegründung: „Jeder alleine wäre nie zum Mörder geworden."

Am Tag nach den tödlichen Schüssen auf das Ehepaar Max und Telse V. (linke Seite) starren Schaulustige in den Laden des ermordeten Ehepaars an der Hansastraße.

Im Winter 1980 verschwindet eine 14-Jährige in Wilhelmsburg auf dem Heimweg. Hundehaare überführten die Täter.

MÄDCHENMORD MIT EINEM SCHLACHTERMESSER

Genau 24 lange Tage bangten die Eltern um ihre Tochter. Am 19. Januar 1980 war Anja P. abends auf dem Heimweg vom Haus der Jugend Wilhelmsburg am Rotenhäuser Damm zur elterlichen Wohnung am Vogelhüttendeich verschwunden. Am 12. Februar entdeckten Kinder die Leiche der 14-Jährigen in einem Hinterhof. Das Mädchen war mit sieben Messerstichen ermordet worden.

Über Wochen versetzte das Verschwinden der Schülerin Wilhelmsburg in den Ausnahmezustand. Angeblich war sie zuletzt mit einem „Ausländer" gesehen worden. Und „Ausländer" bedeutete damals in Wilhelmsburg Türke. Immer mehr Menschen aus der Türkei kamen damals arbeitssuchend nach Hamburg und konnten sich natürlich nur Wohnungen in preiswerten Wohnlagen leisten. Das waren Stadtteile wie Harburg, die Veddel oder eben Wilhelmsburg. Die deutschen „Alt-Wilhelmsburger" fühlten sich bedrängt. Rassismus war an der Tagesordnung. Und Rassisten passte das Verschwinden von Anja P. wohl ganz gut ins Konzept. Doch ihre Mörder waren keine „Ausländer".

Anja P. (14) verschwand auf dem kurzen Heimweg vom Haus der Jugend zur elterlichen Wohnung.

Anja P. war ein schüchternes Mädchen. An einem Sonnabend war sie zusammen mit einer Freundin im Haus der Jugend gewesen, und kurz vor 20 Uhr gingen beide nach Hause. Sabine O., Anjas Freundin, wohnte an der Fährstraße. Vor dem Elternhaus verabschiedete sich Anja P. von ihrer Freundin: „Tschüs, ich geh' jetzt auch schnell nach Hause." Doch dort, kaum 600 Meter entfernt, kam die 14-Jährige nie an.

Bruno und Gerda P., die Eltern der Vermissten, ahnten schnell, dass etwas Furchtbares geschehen sein musste, und alarmierten die Polizei. Immer wieder kam es an den folgenden Tagen und Wochen zu umfangreichen Suchaktionen. Polizisten stemmten in Abbruchhäusern sogar Wände auf, und Sielwerker schauten in den Gullys rund um den Vogelhüttendeich nach. Doch die Beamten fanden keine Spur der Vermissten.

Am Mittag des 12. Februar setzten sich drei Kinder auf eine Mauer am Hinterhof Vogelhüttendeich 38 und verspeisten mitgebrachte Pommes. Plötzlich entdeckte der elfjährige Markus in einer dunklen Ecke des Hofs einen Körper, sagte spontan: „Guck mal, da liegt Anja." Die anderen beiden Kinder widersprachen, meinten, dort liege doch nur eine Schaufensterpuppe. Sie irrten sich.

Schnell erschien die Mordkommission vor Ort. Der Leichnam der 14-Jährigen war bis auf einen Slip unbekleidet. Ihre Kleidung lag verpackt in zwei Plastiktüten am Fundort. Das Opfer war bei den ersten Suchen nicht entdeckt worden, weil da noch eine dichte Schneedecke lag.

Am 21. Februar wurde das Mordopfer unter großer Anteilnahme der Wilhelmsburger auf dem Friedhof Finkenriek beigesetzt. Auch die Mordkommission erschien zur Beerdigung. Sie ging davon aus, dass der Täter aus der unmittelbaren Nachbarschaft kommen musste. Nahm er auch an der Beisetzung teil? Die Beamten fotografierten alle Trauergäste.

Nur eine Woche später wurden Rainer (15) und Holger (17) F. verhaftet. Die Brüder sind die Kinder der Wirtsleute des Lokals „Zur alten Wache" am Vogelhüttendeich. Auf der dortigen Damentoilette hatten Kriminaltechniker schwache Blutspuren entdeckt. Die beiden Jungs wurden befragt, deckten sich aber gegenseitig.

Schließlich führten Hundehaare auf die Spur der jungen Mörder. Auf dem Leichnam waren sie gesichert worden. Die Kripo entnahm Haarproben bei fünfzig Hunden aus der näheren Umgebung. Die am Tatort gesicherten fünf Haare stammten vom Schäferhund der Eltern der beiden Täter. Schließlich durchsuchten Ermittler die Zimmer der Jungen. Sie fanden ein Schlachtermesser, ein Tapeziermesser und Elektrokabel.

Im Polizeipräsidium gestanden die beiden Jugendlichen schließlich, Anja P. ins Lokal gelockt zu haben. Anja kannte beide Jungen seit Jahren. Das Lokal war geschlossen und die Wirtsleute nicht daheim. In der Gaststätte schnitten die Täter der 14-Jährigen mit dem Tapeziermesser die Kleidung vom Leib und missbrauchten das sich heftig wehrende Mädchen. Dann würgten sie Anja P. mit dem Kabel, schleppten ihr Opfer auf den Hof und erstachen es dort schließlich mit dem Schlachtermesser.

Im Oktober 1980 standen die beiden Jugendlichen im Hamburger Strafjustizgebäude vor einer Jugendkammer. Sie wurden zu langjährigen Haftstrafen verurteilt.

Spurensuche am Fundort der Leiche

Arbeiter suchten im Januar 1980 in Wilhelmsburg auch in der Kanalisation nach der Vermissten.

In einem Abbruchhaus am Vogelhüttendeich stemmten Bereitschaftspolizisten bei der Vermisstensuche sogar Wände auf.

Zwei Vietnamesen sterben nach einem Anschlag. Der Hintermann war Manfred Roeder, Sohn eines SA-Obersturmführers und allbekannter Neonazi.

HASS IN HAMBURG

In unmittelbarer Nähe der Anschlussstelle Moorfleet der A1 befindet sich ein trister Plattenbau. Das Hotel „Plaza Inn", hier kostet eine Übernachtung um die fünfzig Euro. Vor vierzig Jahren kam es in diesem Gebäude zu zwei rassistischen Morden. Zwei Neonazis hatten Molotow-Cocktails in das damalige Wohnheim für Flüchtlinge geworfen. Zwei Vietnamesen (18 und 22 Jahre alt) starben. Die Täter konnten schnell gefasst werden. Der Hintermann des Mordanschlags war der berüchtigte Neonazi Manfred Roeder (1929–2014).

Roeder, Sohn eines SA-Obersturmführers, hatte sich angeblich als 15-Jähriger noch 1945 zum Volksturm gemeldet und gegen russische Soldaten gekämpft. Nach ein paar Bier schwadronierte er im Kreise seiner „Kameraden" gern über seine angeblichen Heldentaten bei der Verteidigung Berlins: „Fünfzig Meter vor mir türmten sich die Toten zu Dutzenden." Diese Schilderungen waren nicht zu überprüfen. Sicher ist dagegen, dass Roeder für den Tod der beiden vietnamesischen Flüchtlinge in Hamburg maßgeblich mitverantwortlich war.

Roeder studierte nach dem Krieg Jura und machte nie einen Hehl aus seiner Verehrung für das Dritte Reich. Dann schritt er zur Tat. 1970 startete er Aktionen gegen die „Sexwelle", warf Farbbeutel bei Sex-Messen und verschüttete dort Buttersäure. Das damalige CDU-Mitglied versank schließlich immer mehr im braunen Sumpf. 1977 sprach

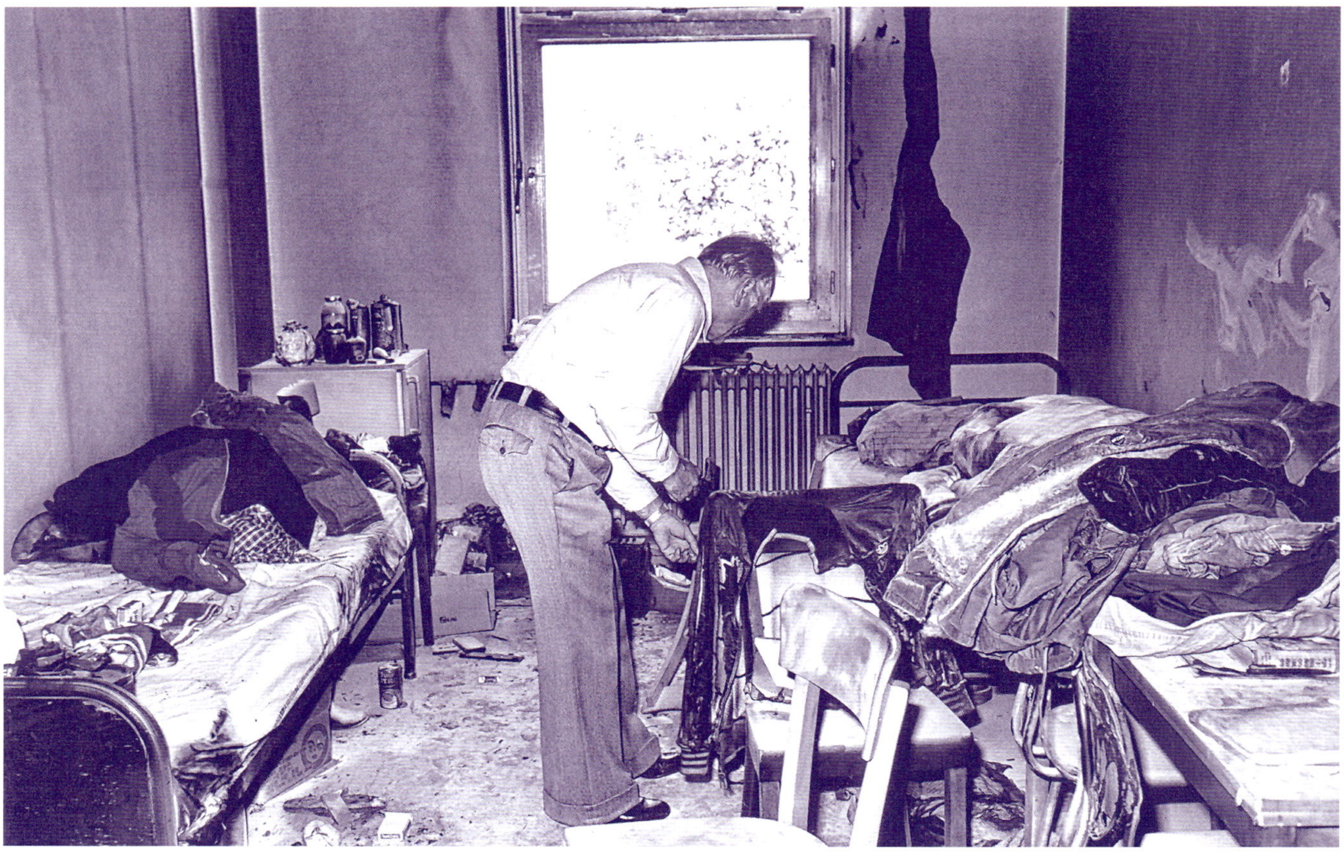

Roeder erstmals offen von Terror, um die „aufgezwungene Demokratie" in der Bundesrepublik zu bekämpfen. In einem Rundbrief an Gesinnungsfreunde eiferte der Neonazi, es könne gar nicht schlimm genug kommen.

Und Roeder machte seine Drohung wahr. 1978 ging er in den Untergrund, weil er eine Haftstrafe wegen Volksverhetzung nicht antreten wollte. 1980 bekam Roeder vom Mullah-Regime im Iran politisches Asyl, kehrte aber bald nach Deutschland zurück. Er gründete eine Terrorbande mit dem Namen „Deutsche Aktionsgruppen". Diese bestand aus seinem Arzt Heinz Colditz, dem Handwerker Raymund Hörnle und der Arzthelferin Sibylle Vorderbrügge. Die Rechtsterroristen verübten einen Bombenanschlag auf das Landratsamt Esslingen. In den Amtsräumen fand zur Tatzeit eine Auschwitz-Ausstellung statt. Die Täter stießen mit Sekt auf den Beginn des „Befreiungskampfes" an. Es folgten Anschläge auf die Hamburger Gedenkstätte „Janusz-Korczak-Schule", auf das Bundessammellager für Asylbewerber in Zirndorf und auf ein Flüchtlingsheim in Lörrach.

In der Nacht auf den 22. August 1980 fuhren die drei Terroristen nach Hamburg. Ihr Ziel war die Halskestraße in Billbrook. Sie hatten gelesen, dass sich hier ein Flüchtlingsheim für Vietnamesen befand. Nach dem Brandanschlag schmierten die Täter „Ausländer raus" an eine Hauswand. Sibylle Vorderbrügge (24) und Raymund Hörnle (50) flüchteten in einem Kleinwagen. Sie wurden schnell ermittelt. Einige Tage vor dem Mordanschlag hatten sie auf der A7 bei Thieshope ebenfalls „Ausländer raus" auf ein BAB-Schild geschmiert. Zeugen hatten sie beobachtet und das Kennzeichen ihres Autos notiert. Nur neun Tage nach dem Anschlag wurden die beiden Täter verhaftet.

Auch der Arzt kam hinter Gitter. 1982 wurde der Bande in Stuttgart-Stammheim der Prozess gemacht. Auf der Anklagebank saß auch der Hintermann der Terrorgruppe: Manfred Roeder hatte das Trio immer wieder zu weiteren Anschlägen angestachelt. Sibylle Vorderbrügge sprach von Roeder als „unserem Führer, dem wir bedingungslos folgen müssen". Sie wurde zu zwölf Jahren Haft verurteilt. Ihr Komplize Raymund Hörnle bekam lebenslang. Heinz Colditz wurde zu sechs Jahren Gefängnis verurteilt.

Manfred Roeder erhielt 13 Jahre. Wegen „guter Führung" wurde er 1990 vorzeitig entlassen. Der Grund: die „günstige Sozialprognose". Ein Hohn. Der Neonazi wurde wieder aktiv und verübte 1996 in Erfurt einen Farbanschlag auf eine Wehrmachtsausstellung. Als er sich deswegen vor Gericht verantworten musste, gab es Proteste von Rechtsradikalen. Daran beteiligen sich auch Uwe Mundlos und Uwe Böhnhardt - die späteren Mitglieder der Terrorzelle „Nationalsozialistischer Untergrund" (NSU). Die Terroristen sind für mindestens zehn Morde verantwortlich.

Linke Seite: Ein Kripo-Beamter untersucht das ausgebrannte Zimmer, in dem die beiden Vietnamesen geschlafen hatten.

Oben: Bei der Trauerfeier wurden Fotos der Ermordeten aufgestellt.

Mit Glücksspiel und den Tricks des Kasinobetriebs kennt sich der Zivilfahnder Hajo H. aus wie kein anderer. Und machte mit seinem Wissen im Milieu richtig viel Geld.

EIN KORRUPTER ELITE-FAHNDER AN DER DAVIDWACHE

Auf der Davidwache, der berühmtesten Polizeiwache der Welt, Polizist zu sein, das ist schon was. Und innerhalb dieser ausgewählten Truppe gibt es noch mal eine Elite: die Zivilfahnder, die im direkten Kontakt mit dem Rotlichtmilieu stehen. Das bedeutet aber auch, dass ein Beamter manchmal auf Leute trifft, die das, was er im Monat verdient, schon mal an einem Tag einstreichen. Vor 40 Jahren erlag ein Top-Fahnder der Versuchung, in diesem Milieu die Hand aufzuhalten. Er nahm ein tragisches Ende.

Hajo H. war 32 Jahre alt und Polizeiobermeister, als er 1976 zur Davidwache kam. Nach kurzer Zeit Dienst auf dem Streifenwagen spezialisierte sich der agile und redegewandte Schutzmann auf das Glücksspiel im Milieu. Auf St. Pauli gab es damals diverse legale und illegale Spielkasinos, meist wurden sie von Griechen betrieben. Hier wurden jedes Jahr viele Millionen umgesetzt.

H. war nach kurzer Zeit der einzige Beamte der Davidwache, der sich mit der komplizierten Rechtslage beim Glücksspiel und mit den ausgefeilten Tricks der Kasino-Betreiber auskannte. Zunächst gab er den unbestechlichen Beamten und schrieb bei Gesetzesverstößen fleißig Anzeigen gegen die Kasino-Bosse. Das führte nicht selten dazu, dass das Wirtschafts- und Ordnungsamt die Läden schloss.

Betroffenen Kasino-Betreibern gab Hajo H. irgendwann den Tipp, sich doch vertrauensvoll an einen Griechen zu wenden, der gute Kontakte zum Amt hätte. Wer den Mann dann anrief, sah sich schnell mit dreisten Forderungen konfrontiert. Bevor er überhaupt tätig wurde, verlangte er schon mehrere Tausend Mark. Nach ersten Zahlungen erschien er monatlich und kassierte so etwas wie Schutzgeld. „Zuletzt wollte er die Hälfte meiner Umsätze", sagte ein Betroffener 1982 der MOPO.

Als der Kasino-Chef nicht mehr zahlen wollte, erschien ein kräftiger Jugoslawe und bedrohte ihn massiv. Hinter allem steckte Hajo H. – er stopfte sich so jahrelang die Taschen voll. Der Fahnder fühlte sich dabei sogar so sicher, dass er zum Schluss auch frech vor Weihnachten in die Kasinos an der Reeperbahn spazierte und die Hand aufhielt. Bei den Kasino-Betreibern hatte sich schnell herumgesprochen, dass der Beamte sich vor allem über massive goldene „Krügerrand-Münzen" sehr freute. Wer besonders großzügig war, bekam dann auch mal direkt vor einer Razzia einen Tipp von H. und konnte sich in Ruhe darauf vorbereiten.

1980 erhielt die Polizei erste Hinweise darauf, dass der angesehene Elite-Fahnder bestechlich sei. Doch die internen Ermittlungen verliefen im Sande. Auch die Tatsache, dass der Beamte (Bruttogehalt 2500 Mark) einen extrem teuren Mercedes 280 SE fuhr, kam den Vorgesetzten offenbar nicht komisch vor.

Mit dieser Luxus-Limousine baute Hajo H. 1982 in Norderstedt einen Unfall und flüchtete zu Fuß. Offenbar hatte er getrunken. Im Wagen fanden Polizisten unter dem Reserverad eine Pistole: Die Walther PPK war einem Polizisten der Davidwache aus dem Schreibtisch gestohlen worden.

Schließlich wurde H.s Haus durchsucht. Die Kripo fand 40.000 Mark in bar und Goldmünzen im selben Wert. Außerdem entdeckten die Ermittler Akten und Kopien von Anzeigen der Davidwache.

1984 musste sich der korrupte Polizist vor Gericht verantworten. Da kam heraus: Hajo H. hatte über die Jahre mehrere Hunderttausend Mark kassiert. Das Urteil: drei Jahre und sechs Monate Haft. Nach seiner Haftentlassung eröffnete H. in Langenhorn einen Tabakwarenladen, später stand er auf Wochenmärkten und verkaufte Waren aller Art. Er trank immer mehr. Im Juli 1992 entdeckten Passanten auf einem Parkplatz am EKZ Langenhorn beim Krohn stieg eine leblose Person in einem VW Passat. Bei dem Toten handelte es sich um den ehemaligen Top-Fahnder der Davidwache.

Gerichtsmediziner stellten später bei der Obduktion ein multiples Organversagen fest – Hajo H. hatte sich offenbar zu Tode getrunken.

HAMBURG

Ehemaliger Top-Fahnder tot im Auto gefunden

Hajo H[redacted] (42) wußte alles über den Kiez – mußte er deshalb sterben?

Vor genau zehn Jahren machte sein Fall bundesweit Schlagzeilen: Hajo H[redacted], [redacted] erfolgreichster Zivilfahnder der Davidwache, wurde verhaftet. Er hatte sich für 150 000 Mark an die Unterwelt verkauft. Jetzt entdeckten Passanten die Leiche des 42jährigen Ex-Polizisten auf einem Parkplatz am EKZ Langenhorn.

Der Tote lag in seinem VW Passat. Der Wagen stand auf einem Parkplatz am Krohnstieg. LKA-Beamte untersuchten die Leiche, ließen den Toten ins Gerichtsmedizinische Institut bringen. Dort stellten die Ärzte fest: „Tod aus innerer Ursache." Hajo H[redacted] soll in den letzten Jahren große Mengen Alkohol getrunken haben, vermutlich führte das jetzt zum Versagen lebenswichtiger Organe. Oder hatten doch Unbekannte bei seinem Tod die Hände im Spiel? Der ehemalige Polizeiobermeister wußte auf dem Kiez fast alles und hat vor Gericht nicht viel erzählt.

1976 trat H[redacted] seinen Dienst am berühmtesten Polizeirevier der Welt an. Der agile Fahnder verschaffte sich schnell die Achtung von Kollegen und Chefs. Der damals 32jährige mauserte sich zum Spezialisten für das Glücksspiel und sollte die zahlreichen, meist von Griechen betriebenen Kasinos auf der Reeperbahn beaufsichtigen. Er war damals der einzige Beamte, der sich mit den Tricks des illegalen Glücksspiels auskannte, eine Kon- … ner Arbeit durch an- … kaum

Hajo H[redacted] 1981 in der Davidwache.

Dann gab er mir den Tip, mich an einen Griechen zu wenden, der gute Beziehungen zum Wirtschafts- und Ordnungsamt hätte. Dieser Grieche wollte aber die Häfte meiner Umsätze." Offenbar, um mit H[redacted] zu teilen. Als der Kasino-Chef nicht zahlte, schrieb H[redacted] fünf Anzeigen gegen den Mann. Das Kasino wurde geschlossen.

Erste Ermittlungen gegen den Zivilfahnder verliefen 1980 im Sande. 1982 wurde dann der Mercedes 280 SE H[redacted] nach einem Unfall in Norderstedt aufgefunden. Im Kofferraum unter dem Reserverad lag eine Walther-PPK-Pistole, die kurz vorher einem Beamten der Davidwache aus dem Schreibtisch gestohlen worden …

verurteilt. Nach der Haftentlassung ging es mit dem ehemaligen Polizisten rapide bergab: Ein Tabakwarenladen, den H[redacted] in Langenhorn eröffnet hatte, ging Pleite. Seine Frau ließ sich scheiden, zuletzt stand H[redacted] auf Wochenmärkten und verkaufte Waren aller Art.

th

1000 Mark Beute bei Überfall auf Taxe

Ein breitschultriger Fahrgast mit langen blonden Haaren bedrohte in der Nacht zum Dienstag in der Korallusstraße (Wilhelmsburg) einen Taxifahrer mit einer Pistole. Der etwa 28 Jahre alte Mann raubte ein Kellner-Portemonnaie mit 1000 Mark. Der Täter entkam. Auffälliges Merkmal: Er hatte eine etwa drei Zentimeter lange, frische Narbe über dem rechten Auge.

Grill brannte – Rauchvergiftung

Beim Brand eines Grilles in einer Wohnung am Müllen hoffweg (Groß Flottbek) erli ten gestern früh zwei Fraue (82, 63) Rauchvergiftunge Sie kamen ins AK Altona.

Shell: Für Wrage kommt Korsmeie

Im Vorstand der Deuts Shell AG (Hamburg) tritt Juli ein Wechsel ein. Wrage (60), seit 40 J bei dem Unternehme seit 1987 im Vorstand wortlich für Vertrieb, Forschung und Entw scheidet aus Alters zum 31. Juli aus. Z Nachfolger wurde Korsmeier (54) be im Vorstand seit Chemiegeschäft le

Ab 1982 berichtete die MOPO mehrfach über den korrupten Fahnder.

Ein Sexualverbrecher missbraucht und tötet die Schülerin Isabel Wellershaus. Für die furchtbare Tat nutzte er einen Freigang.

KINDERMORD AM BILLE-UFER

Am Krähenwald ist die Bille die Grenze zwischen Hamburg und Wentorf. Ein idyllisches Eckchen und Paradies für Wanderer und Naturfreunde. Doch vor mehr als vierzig Jahren wurde der Krähenwald zum Tatort. Direkt an der Bille ermordete ein Sexualverbrecher die elfjährige Isabel Wellershaus.

Der 19. Juni 1981 war ein warmer Sommertag. Die Klasse 8b des Hansa-Gymnasiums feierte mit Eltern und Angehörigen im Lokal „Waidmannsruh" am Bergedorfer Weg in Wentorf ein Klassenfest mit Grillabend. Die 14-jährige Schülerin Juliane Wellershaus war mit ihren Eltern und der kleinen Schwester Isabel dabei.

Gegen 19.30 Uhr verließ die Elfjährige die Party und ging Richtung der nahen Bille, um sich „etwas abzukühlen", wie sie sagte. Kurz vor 22 Uhr vermisste Vater Klaus Wellershaus seine kleine Tochter. Seine Größere machte sich auf die Suche. Sie fand ihre Schwester kaum 300 Meter Luftlinie vom Lokal entfernt, an einer Biegung der Bille unweit der Bahnlinie Bergedorf-Reinbek. Isabel war nur noch teilweise bekleidet und ihr Oberkörper blutüberströmt. Wie Gerichtsmediziner später feststellten, war das Kind missbraucht und mit zehn Messerstichen in den Oberkörper getötet worden. Acht der Stiche waren tödlich.

Klaus Wellershaus (1938–2016), der Vater des Opfers, war ein bekannter Mann. Er hatte Musik studiert und 1965 beim NDR angefangen. Mit der Reihe „Nach der Schule – Musik für junge Leute" hatte er einen Riesenerfolg. Erstmals gab es bei dem damals doch arg verschlafenen Sender ein Programm für junge Leute jenseits von Schlager und Klassik. 1967 war bei ihm sogar Jimi Hendrix zu Gast, und es kam zu einer Aufnahme im Funkhaus an der Rothenbaumchaussee.

Aus diesem Funkhaus rief Moderatorin Marianne Scheuerl nun am 21. Juni 1981 mit tränenerstickter Stimme die Hörer dazu auf, bei der Suche nach dem Mörder der Tochter ihres Kollegen mitzuhelfen. An dem besagten Sommerabend waren zur Tatzeit einige Spaziergänger an der Bille unterwegs. Die Kripo fragte: Wer hat am Tatabend einen Mann mit blutverschmierter Kleidung am Billewanderweg zwischen Bergedorfer Gehölz und Krähenwald gesehen?

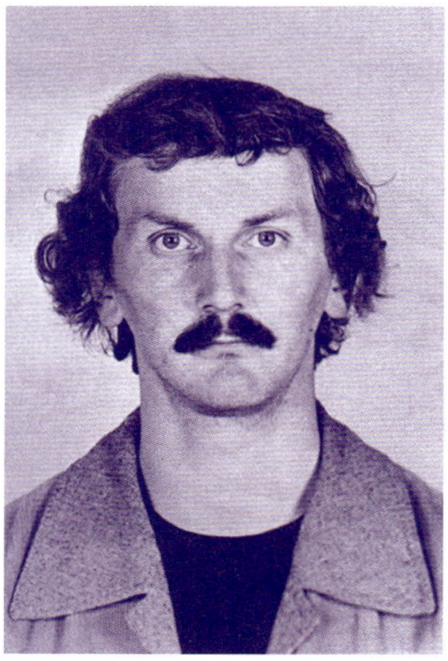

Die Ermittler standen unter Druck. 1979 waren in Reinbek und Barsbüttel, also in der Nähe des neuen Tatorts, bereits zwei sechs und zehn Jahre alte Mädchen Opfer eines Sexualmörders geworden. Außerdem waren Anfang 1981 im Krähenwald bereits mehrere Mädchen von einem Verbrecher mit einem Messer bedroht und missbraucht worden. Das Mobile Einsatzkommando (MEK) Kiel observierte damals tagelang im Wald – ohne Ergebnis.

Obwohl die Kripo eine zwölfköpfige Sonderkommission bildete, trauten Kollegen von Klaus Wellershaus den Ermittlern die Aufklärung der Morde nicht zu. Sie sammelten Geld, um einen Privatdetektiv zu engagieren.

Am 24. Juni wurde Isabel Wellershaus auf dem Friedhof Wentorf beigesetzt. Ihr Vater trug weiße Kleidung und hatte auch alle der einhundert Trauergäste gebeten, keine schwarze Trauerkleidung zu tragen, sondern in Weiß zu erscheinen. Klaus Wellershaus wollte so in der für ihn und seine Familie so schweren Zeit ein Zeichen der Hoffnung setzen. Freunde von ihm trugen den kleinen Sarg aus der Kapelle zum Grab und schaufelten die Grube selbst zu. Nach der Zeremonie pflanzten die Trauergäste Bäume. Der Pastor sagte: „So wollen wir zeigen, dass wir dem Leben weiterhin positiv gegenüberstehen."

Anfang Juli 1981 waren bei der Kripo bereits 600 Hinweise aus der Bevölkerung eingegangen – doch eine heiße Spur war nicht darunter. Polizisten verteilten 50.000 Flug-

Aus der Ermittlungsakte: das Polizeifoto des Mörders Dieter F.

blätter mit einem Fahndungsaufruf. Hunderte Plakate mit Fotos von Isabel Wellershaus und den beiden anderen ermordeten Mädchen wurden aufgehängt. Durch Spenden war eine Belohnung von 60.000 Mark für die Aufklärung der Verbrechen ausgesetzt worden. Schließlich durchkämmten 140 Beamte der Bereitschaftspolizei erfolglos den Krähenwald.

Im August 1981 ergab sich ein Verdacht gegen den 1950 geborenen Dieter F. Im Alter von acht Jahren war der Schaustellergehilfe in ein Heim gekommen, und schon mit 14 stand er vor Gericht, wurde wegen „Unzucht mit einem Kinde und Körperverletzung" zu einer Jugendstrafe verurteilt. 1968 wurde der offenbar schwer gestörte und psychisch kranke junge Mann entlassen und ohne jede Therapie zu seinen Angehörigen zurückgeschickt. 1970 kam es zu weiteren Sexualverbrechen und ersten psychiatrischen Befunden. Dieter F. landete 1977 in der geschlossenen Psychiatrie von München-Haar. Ein Gutachter erkannte eine „sadistisch pädophile Perversion" bei F. und riet von einer Entlassung wegen „erheblicher Rückfallgefahr" ab.

Oben: Am 7. Juli 1981 durchsuchten Bereitschaftspolizisten den Krähenwald.

Links: Die ermordete elfjährige Isabel Wellershaus

Dieter F. brach aus und beging in Norddeutschland erneut Sexualverbrechen. Er wurde gefasst und 1979 in Kiel zu zweieinhalb Jahren Freiheitsstrafe verurteilt. So landete Dieter F. 1980 schließlich in der geschlossenen Psychiatrie von Neustadt/Holstein. Ende Mai 1981 bekam er dort Ausgang, nutzte diesen zur Flucht und tötete schließlich Isabel Wellershaus.

Die Tat gestand Dieter F. vor der Kripo kurz nach seiner Festnahme am 19. August 1981. Er gab an, am Tattag auf einer Bank an der Bille gesessen zu haben, als Isabel Wellershaus vorbeikam. Dann zerrte er das Mädchen ans Ufer und verging sich an ihr. Als Isabel schrie, um Spaziergänger auf dem nahen Wanderweg zu Hilfe zu rufen, erstach der Sexualverbrecher sein Opfer. Im April 1984 wurde Dieter F. in Lübeck wegen Mordes und sexuellen Missbrauchs von Isabel Wellershaus zu 15 Jahren Haft verurteilt.

Klaus Wellershaus und seine Frau hatten den Prozess als Nebenkläger verfolgt. Sie wollten weder Rache noch Vergeltung, aber sie hofften, dass durch Erkenntnisse aus dem Verfahren vielleicht anderen Eltern ihr Schicksal erspart bliebe. Klaus Wellershaus sagte: „Ich kann solche Menschen nicht hassen, weil sie Ergebnisse unserer Gesellschaft sind."

Im Dezember 1984 hatte das Verfahren ein Nachspiel. In Oldenburg/Holstein stand eine 64-jährige Ärztin der Psychiatrie in Neustadt vor Gericht. Sie hatte Dieter F. offenbar falsch behandelt und seinen Ausgang genehmigt. Fehlende Akten mit Untersuchungsergebnissen über Dieter F. hatte sie nicht angefordert und so die Gefährlichkeit des Mörders unterschätzt. Außerdem hatte sie unterlassen, Dieter F. triebdämpfende Medikamente zu verabreichen. Alle diese Versäumnisse in der geschlossenen Psychiatrie führten schließlich zum Mord an Isabel Wellershaus. Der Anwalt der Medizinerin argumentierte, die Ärztin sei stark überlastet gewesen, habe sich um 120 psychisch kranke Straftäter kümmern müssen. Das Urteil für die Medizinaldirektorin: 12.000 Mark Geldstrafe wegen fahrlässiger Tötung.

Mit Fahndungsplakaten und einer in Aussicht gestellten Belohnung für die Ergreifung des Täters wendeten sich die Ermittler an die Bevölkerung.

Auf der Marieville greift Johannes R. – die „Erleuchtete Autorität" – zum Revolver.
Unterschiede in „Glaubensfragen" kosteten einen Promi-Wirt das Leben.

SEKTENGURU ERSCHIESST DISCOKÖNIG

Ein dubioser Sektenführer, der sich mit „Erleuchtete Autorität" oder schlicht „Gott" ansprechen ließ. Eine Nacht mit LSD, Cannabis und ganz viel Alkohol. Und dazu als Tatort ein Disco-Schiff, das einem Mississippi-Raddampfer glich. Am Ende fielen Schüsse, und ein Mensch war tot. Jeder „Tatort"-TV-Produzent würde einem Drehbuchschreiber so einen Stoff als „zu durchgeknallt" um die Ohren hauen. Aber alles ist genau so geschehen an diesem 9. Oktober 1981 in Hoheluft.

Helmar Prelle war damals so etwas wie ein „Promi-Wirt". Sein Disco-Schiff „Marieville" dümpelte unweit des U-Bahnhofs Hoheluftbrücke auf dem Isebekkanal. Und hier zählte der ehemalige Musikstudent NDR-Legende Carlo von Tiedemann, „Tagesschau"-Sprecherin Dagmar Berghoff und den einen oder anderen Angehörigen des Fürstenhauses Bismarck zu seinen Gästen.

Am 8. Oktober 1981 will der Gastronom, der auch in Bergedorf ein Disco-Schiff, die „Kogge", betreibt, in seinen 41. Geburtstag reinfeiern. Die Nacht wird sehr lang und feuchtfröhlich. Um sieben Uhr früh sitzen noch vier Gäste mit Prelle auf der „Marieville". Und die sind Anhänger der Sekte „Sri Vaishnava Zeugen". Dabei ist auch Sektenguru Johannes R., den seine wenigen „Jünger" vergöttern und mit „Erleuchtete Autorität" ansprechen. An diesem Morgen ist der 36-Jährige allerdings eher von Drogen benebelt als erleuchtet. Einer seiner „Jünger" gerät mit dem Wirt in Streit. Angeblich geht es um „Glaubensfragen".

Der kräftige Helmar Prelle prügelt sich mit dem 27-jährigen Michael G. Der unterliegt, angeblich schlägt der Gastronom den Kopf des Mannes mehrfach auf den Boden. Nach eigener Angabe zieht der Sektenchef dann einen Revolver.

Vor Gericht erklärt er Jahre später: „Ich hatte das Gefühl, Michaels Todesangst erfasste mich wie eine Welle, ich war nicht mehr bei mir, und dann fielen die Schüsse." Von drei kleinkalibrigen Geschossen (5,6 Millimeter) getroffen, bricht der Wirt zusammen und stirbt.

Mit einem blauen Mercedes 450 SEL flüchten die vier Sektenmitglieder in ihren „Tempel" – die Wohnung des Gurus in den nahen Falkenried-Terrassen.

Die alarmierte Polizei riegelt den Häuserkomplex ab. Das Mobile Einsatzkommando (MEK) rückt an. Alle vier Männer werden festgenommen. Dabei kommt es auf der Löwenstraße zu dramatischen Szenen. Polizisten mit Maschinenpistolen zwingen die Verdächtigen, sich mit ausgebreiteten Armen auf den Gehweg zu legen.

1982 kommt es zum Prozess. Michael G. hatte die Tat damals zunächst gestanden. Dazu genötigt hatte ihn der eigentliche Schütze, der Sektenchef Johannes R. Doch das Gericht glaubt das Geständnis nicht, spricht Michael G. frei. Sechs Monate hatte er in Untersuchungshaft gesessen.

1986 aber packt ein weiteres Sektenmitglied aus, das damals dabei war. Karl-Heinz G. sagt über den Sektenchef: „Im ersten Prozess habe ich gelogen, weil ich diesem Mann total ausgeliefert war. Nun habe ich seine psychologischen Tricks durchschaut. Es ging ihm nur um totale Macht, und er stand damals mit der Waffe da wie ein Scharfrichter."

Im November 1986 werden die Schüsse auf dem Disco-Schiff ein weiteres Mal vor Gericht verhandelt. Diesmal legt der Sektenchef ein Geständnis ab. Die Richter verurteilen ihn am 26. November 1986 wegen Totschlags zu viereinhalb Jahren Haft.

Oben: Disco-König Helmar Prelle (41) starb durch drei Schüsse.

Rechte Seite oben: Showdown auf der Löwenstraße: Ein Polizist hält zwei Sektenanhänger in Schach, unten führt ein MEK-Beamter mit Maschinenpistole Johannes R. ab.

Obst
Gemüse

NOTAR
Feuerwehr

Tödliches Zusammentreffen zweier ungleicher Menschen:

Erniedrigt und voller Wut schießt ein Matrose viermal auf einen Offizier.

EINE KUGEL TRAF INS HERZ

Voller Hass drückte Peter H. ab. Viermal feuerte der Matrose am 23. März 1982 mit einer Pistole im Seemannsheim im Schatten des Michels auf den Schiffsoffizier Bernd K. (29). Sein Motiv: unbändige, über Wochen aufgestaute Wut auf das Opfer.

Seemann Peter H. (39) war von eher gedrungener Gestalt, kaum 1,70 Meter groß. Und damit einen guten Kopf kleiner als Schiffsoffizier Bernd K. (29), dieser hoch aufgeschossene 1,90-Meter-Mann. Der Offizier war eloquent, redete gern. Matrose Peter H. dagegen war eher in sich gekehrt und etwas maulfaul. Ausgerechnet diese beiden Männer lebten vor beinahe vierzig Jahren wochenlang im Seemannsheim am Krayenkamp zusammen.

Täglich trafen sie sich, mal auf dem Flur, mal beim Frühstück, mal beim Duschen. Menschlich waren beide wie Feuer und Wasser. Über einen so langen Zeitraum unter einem Dach – das konnte nicht gut gehen. Alles begann mit Sticheleien des Jüngeren. Er sagte zum nicht ganz so hoch gewachsenen Matrosen Sätze wie: „Du bist doch nur ein Buddelschiff-Seemann!“ Der Konflikt zwischen den beiden Seeleuten nahm immer mehr Fahrt auf. Laut Mitbewohnern stichelte der Offizier immer weiter, hänselte Peter H. fast täglich: „Du Zwerg! Du halbe Portion!“

Mehrere Wochen lang ging das so. Der Matrose fraß den Ärger in sich hinein – bis er plötzlich explodierte. Peter H. hatte am Abend des 23. März 1982 Alkohol getrunken und ein starkes Medikament namens Valium eingenommen. Eine hochgefährliche Mischung. Und dann gerieten der Matrose und der Offizier gegen 23 Uhr im Foyer des Seemannsheims aneinander.

Peter H. rannte wutschnaubend in sein Zimmer und kramte aus seinen Sachen eine Pistole hervor. Die Walther PPK im Kaliber 7,65 Millimeter hatte sich der Matrose illegal auf St. Pauli besorgt. Mit der Waffe in der Hand lief er zunächst auf die Straße, wo er einen „Probeschuss“ abgab. Dann rannte er wieder ins Seemannsheim. Bernd K. stand ahnungslos an der Pförtnerloge.

Ohne ein Wort zu sagen, hob Peter H. die Waffe und drückte viermal ab. Die Kugeln trafen Bernd K. in die Hüfte, den Oberschenkel und das Herz. Benommen taumelte er die Kellertreppe runter und brach vor der Tür des Duschraums zusammen. „Helft mir doch ...“, waren seine letzten Worte. Andere Bewohner des Seemannsheims hatten den Notarzt alarmiert – doch der konnte nur noch den Tod des Offiziers feststellen. Ein Augenzeuge sagte der MOPO später: „Wir waren wie gelähmt, keiner wagte einzugreifen, als Peter schoss.“

Der Schütze flüchtete zu Fuß Richtung Michel und versteckte sich. Die Polizei fahndete mit Dutzenden Beamten und Suchhunden nach ihm, fand ihn aber nicht. Erst fünf Stunden nach der Tat entdeckte die Besatzung eines Funkstreifenwagens der Davidwache Peter H. am nahen Schaarmarkt. Er fuhr, kaum 300 Meter vom Tatort entfernt, mit einem Rad. Blitzschnell rissen die Beamten den Todesschützen zu Boden und legten ihm Handschellen an. Die Mordwaffe trug er noch durchgeladen und entsichert in der Lederjacke. Reue zeigte der Seemann nicht, er schrie: „Ich freue mich, dass das Schwein verreckt ist!“

Die Tatwaffe: eine Pistole Walther PPK im Kaliber 7,65 Millimeter

Rechte Seite: Der Täter Peter H. (39) wird von Polizisten am Großneumarkt zum Streifenwagen geführt.

Der Milieu-Kredithai Heinz Dieter Förster wird mit einer Axt erschlagen. Seine Leiche wurde danach an der Balduinstraße „geparkt".

DER „WUCHERER VON ST. PAULI" LAG TOT IN SEINEM KOFFERRAUM

Heinz Dieter Förster war in den 80er Jahren als „Wucherer von St. Pauli" auf dem Kiez wohlbekannt. Und der Mann machte seinem Namen alle Ehre, verlangte für seine „Darlehen" gern mal 100 Prozent Zinsen im Jahr. Am 31. Mai 1982 entdeckte seine Verlobte Inge seine Leiche. Der Tote lag eingerollt in einem Teppich im Kofferraum eines Audi 80 an der Balduinstraße unweit der Hafenstraßen-Häuser. Das Mitleid mit dem Kredithai hielt sich sehr in Grenzen.

Der 1941 geborene Förster war im Rotlichtmilieu auf „Kunden" spezialisiert, denen sonst niemand mehr einen Kredit gab. Und die Auszahlung an diese Problem-Kandidaten mit schlechter Schufa ließ er sich fürstlich entlohnen. Seine Einnahmen legte der Mann gern in protzigem Goldschmuck und Luxusuhren an. Als die Kripo seine Leiche untersuchte, war das Geschmeide – darunter ein Goldarmband mit dem Wort „Dieter" und ein goldenes Amulett mit den Initialen „DF" in Brillanten – verschwunden. Auch von seiner massivgoldenen Rolex Day Date mit Brillanten (Wert: gut 30.000 Mark) gab es keine Spur.

„Tschüs, ich fahre noch auf den Kiez", so hatte sich Heinz Dieter Förster, der sich auch noch als Zuhälter in St. Georg betätigte, von seiner Verlobten verabschiedet. Als er sich an ihrem Geburtstag nicht meldete, machte sich die Frau auf die Suche und entdeckte den Audi ihres Freundes an der Balduinstraße. Eine Obduktion des Leichnams ergab, dass Förster erschlagen worden war.

Die Kripo konzentrierte ihre Ermittlungen schnell auf den Kreis der „Kreditnehmer" des „Wucherers von St. Pauli" und vernahm so auch den 30-jährigen Klaus Peter K. Auch er war im Rotlichtmilieu unterwegs, schickte seine Frau in St. Georg auf den Strich. Den kleinen Zuhälter plagten oft Geldsorgen – und da half Heinz Dieter Förster gerne aus.

Doch als Klaus K. die enormen Zinsen, die monatlich fällig waren, nicht mehr zahlen konnte, wurde der Geldverleiher ungemütlich. Er suchte den Schuldner in dessen Wohnung an der Stresemannstraße auf und verlangte nachdrücklich die gesamte Restschuld in Höhe von knapp 3000 Mark.

Da K. kein Geld hatte, forderte Förster den Mann auf, doch seine inzwischen schwangere Frau weiter anschaffen zu lassen. Förster sagte: „Entweder geht sie wieder ackern, oder ich trete ihr das Kind aus dem Leib." Es kam zum Streit zwischen den Männern, und Klaus K. griff zu einer Axt, die am Kamin seiner Dachwohnung stand. Als Förster sich kurz umdrehte, schlug Klaus K. ihm damit mehrfach mit dem stumpfen Ende auf den Kopf. Dem leblosen Geldverleiher nahm der Täter Schmuck, die Rolex-Uhr und auch einige 10.000 Mark Bargeld ab.

Zusammen mit einem Bekannten rollte der 30-Jährige den Toten später in einen Teppich und legte ihn in den Audi 80 Försters, der vor der Tür stand. Dann fuhr der Totschläger das Auto zur Balduinstraße.

Im März 1983 stand Klaus Peter K. in Hamburg vor Gericht. Im Verfahren kam Erstaunliches heraus: Heinz Dieter Förster hatte sich beim Arbeitsamt als angeblich stellungsloser Heizungsmonteur gemeldet und „Stütze" kassiert – und das, obwohl er damals mindestens eine halbe Million Mark verliehen hatte.

Weil der Täter die Arglosigkeit des Opfers ausgenutzt und es von hinten niedergeschlagen hatte, erkannte das Gericht auf Mord und verurteilte den 30-Jährigen am 4. März 1983 zu lebenslänglicher Haft.

Oben: Heinz Dieter Förster trägt ein goldenes Amulett um den Hals, das ihm der Mörder raubte.

Am 31. Mai 1982 lässt die Mordkommission den Audi 80 mit der Leiche Heinz Dieter Försters im Kofferraum an der Balduinstraße abschleppen.

Als der Zuhälter Michael Luchting 1982 im Knast sitzt, kundschaftet der Meistereinbrecher Werner D. seine Wohnung aus. Und räumte sie in aller Ruhe leer.

FETTE BEUTE BEIM „SCHÖNEN MISCHA"

Werner D. (Name geändert) war ein Ganove, wie es ihn heute nicht mehr gibt. Im Jahr 1944 geboren, hatte D. vor vierzig, fünfzig Jahren im Hamburger Kiez- und Gangstermilieu einen Ruf wie Donnerhall. Seine Spezialität: perfekt geplante Einbrüche mit Millionenbeute. So wurde ihm nachgesagt, 1979 bei einem Coup Diamanten im Wert von 3,6 Millionen Mark erbeutet zu haben.

Die frühen 80er Jahre waren ja die angeblich so „Goldenen Zeiten" auf St. Pauli. Der „Schöne Klaus" posierte mit seinem bunten Lamborghini. „Beatle" Vogeler, Chef der größten Zuhältervereinigung „GMBH", sackte die Kiezkohle wöchentlich kofferweise ein. Aufsehen erregte damals auch ein gutaussehender Zuhälter mit dem Spitznamen „Schöner Mischa".

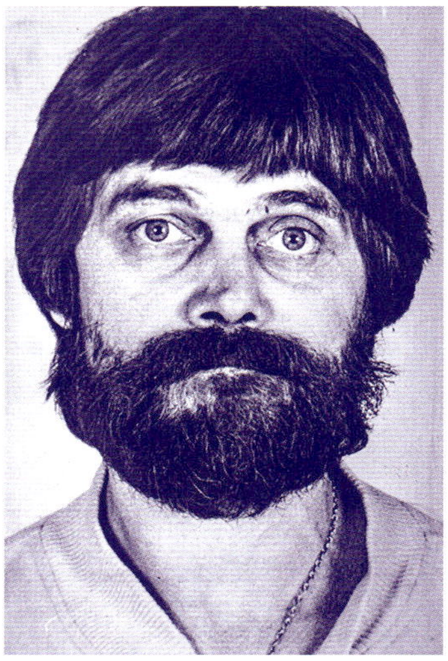

Michael Luchting, wie er bürgerlich hieß, leistete sich nämlich durch die Ausbeutung diverser Frauen einen cremefarbenen Rolls-Royce Corniche. Das Cabrio war damals eines der teuersten Autos der Welt – und „GMBH"-Führungsmitglied Luchting fand es nur standesgemäß, so ein Luxusfahrzeug zu fahren. Doch während diese Zuhälter im Scheinwerferlicht standen, „werkelte" jemand wie Werner D. ganz im Stillen vor sich hin. Und er schreckte auch nicht davor zurück, im Rotlichtmilieu fette Beute zu machen.

Auf dem Kiez wussten alle, dass „Mischa" Luchting „gestopft" war, wie man damals sagte. Es hieß, er sei mehrfacher Millionär, und seine Wohnung am feinen Eppendorfer Isekai sei voller Rolex-Uhren, goldener Füller und Münzen, edler Orientteppiche und was es noch so an Statussymbolen gab. Doch die Wohnung war auch gut gesichert. Das nützte dem Bewohner allerdings nichts.

1982 war der „Schöne Mischa" auf Gran Canaria von der Polizei verhaftet worden. Angeblich hatten Neider ihn angezeigt. Wochenlang schmorte Luchting hinter spanischen Gittern und musste hilflos mit ansehen, dass alte Verbindungen und Freundschaften bei längerer Zwangsabwesenheit auf dem Kiez nicht viel galten. Während sich seine Zuhälterkollegen über seine Bordell-Anteile hermachten, kundschaftete der Meistereinbrecher seine Wohnung aus. Dann schlug er zu. Nachts stieg Werner D. zusammen mit zwei Komplizen in die Wohnung am Isebekkanal ein. In aller Ruhe räumten sie die Wohnung leer. Das Trio benötigte einen VW-Bus, um die Beute – darunter ein schwerer Tresor – fortzuschaffen.

Doch die Einbrecher hatten nicht mit einem findigen Hausmeister gerechnet. Der hatte die Ganoven am Isekai beobachtet und der Polizei am nächsten Morgen mitgeteilt, dass diese mit einem VW Bus mit gelbem Dach geflüchtet waren. Über Polizeifunk erließ die Einsatzzentrale eine Fahndung nach dem auffälligen Fahrzeug. Fast gleichzeitig meldete ein Passant, dass aus einem solchen Auto an der Wendenstraße in Hammerbrook gerade ein leerer Tresor in den Mittelkanal geworfen wurde.

Der Transporter fuhr zwar davon, bevor die Polizisten eintrafen, doch Beamte entdeckten das Auto an der Reeperbahn vor der Vereins- und Westbank. Im Geldinstitut war einer von Werner D.s Kumpanen gerade dabei, die goldenen Krügerrand-Münzen des „Schönen Mischa" zu versilbern. Der Ganove (32) mit dem schönen Spitznamen „Django" wurde festgenommen und führte die Beamten zum Lager mit der Einbruchsbeute, einer Garage an der Altonaer Thadenstraße. Das tat er aber nicht ganz freiwillig,

Mit dem Fahndungsfoto oben ließ die Polizei 1982 nach Werner D. suchen.

Auf einer Pressekonferenz präsentierte die Polizei 1982 Diebesgut aus der Wohnung von Michael Luchting, der auf dem Kiez als „Schöner Mischa“ bekannt war.

die Polizisten hatten den Dieb kurz mit einigen Zuhältern im Keller der Davidwache alleingelassen.

In der Garage entdeckten die Polizisten neben den gestohlenen Schätzen des „Schönen Mischa“ Pelzmäntel, Tafelsilber und wertvolle Gemälde aus weiteren Einbrüchen. Außerdem fanden sie edle Jagdgewehre, die 1981 dem Millionär und Kaffee-Großhändller Rothfos gestohlen worden waren.

Als Krönung stellten die Polizisten Diebesgut aus ihrem eigenen Apparat sicher: zwei Funkgeräte. Damit hatte die Kripo die Erklärung, warum es bisher nie gelungen war, Werner D. und seine Gang auf frischer Tat zu fassen.

Der Meistereinbrecher selbst konnte damals übrigens rechtzeitig flüchten, nachdem seine Komplizen in den Knast gewandert waren. Was aus ihm geworden ist, ist unbekannt. Sein Opfer, der „Schöne Mischa“, kam nach Monaten aus der Haft frei und stand vor den Trümmern seiner Zuhälterexistenz. Der 34-Jährige erhängte sich in einem Waldstück in Thieshope.

DOPPELMORD AN HALUK UND MICHAEL IN DER REIT

44 Tage lang haben die Eltern von Haluk Kocal (9) und Michael Riesterer (8) gebangt, gezittert und gehofft. Doch am 29. Juli 1981 entdeckten Spaziergänger die Leichen der beiden Vermissten im Naturschutzgebiet „Die Reit" in Reitbrook. Die Kinder waren ermordet worden. Es ist der „Cold Case"-Fall, der Hamburger Kripoleute auch fast vierzig Jahre nach der Tat noch beschäftigt, ja aufwühlt. Ein pensionierter Ermittler glaubt zu wissen, wer der Täter ist.

Zunächst war es nur ein Vermisstenfall, wie er in Großstädten häufiger vorkommt. Am 15. Juni 1981 hatten Michael und Haluk in Mümmelmannsberg gegen 18 Uhr die Elternhäuser verlassen und waren mit ihren Rädern davongefahren. Um 19.20 Uhr sah eine Frau die beiden Jungen an der Straße Unterberg bei den Boberger Dünen. Sie standen an einem Auto und sprachen mit einem etwa 30 Jahre alten Mann.

Als die Jungen über Nacht vermisst blieben und Angehörige die zurückgelassenen Räder unangeschlossen auf einem Parkplatz entdeckten, startete die Polizei eine Großfahndung, setzte Hubschrauber und Hundeführer ein. Beamte suchten mit Booten Gewässer in den Boberger Dünen ab. Ohne Erfolg. Auch eine Öffentlichkeitsfahndung nach den Kindern brachte nichts.

Nachdem Spaziergänger die Jungen knapp fünf Kilometer vom Ort ihres Verschwindens entfernt gefunden hatten, wurde der Vermisstenfall zum Mordfall. Vor allem Hauptkommissar Rolf B. von der Mordkommission „verbiss" sich regelrecht in den Fall.

Die „Spur 466" brachte 1982 dann vorerst den Durchbruch. Das war der Hinweis auf einen damals 40-jährigen Mann. Er war mehrfach wegen diverser Gewalt- und Sexualdelikte aufgefallen. Und in seinem Auto konnte die Kripo Haare sichern.

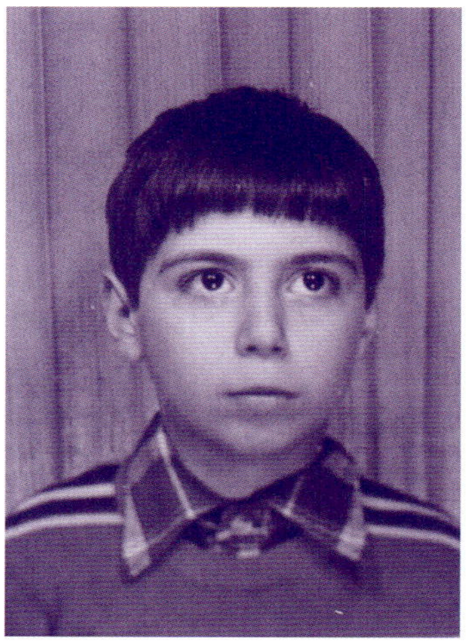

Michael Riesterer (oben) hatte gerade seinen achten Geburtstag gefeiert. Haluk (unten) war ein freundlicher, aufgeweckter Junge.

Viele stammten von einem Hund, doch ein paar auch von Menschen. Einige davon wiesen eine sehr seltene Anomalie auf, das ergab jedenfalls eine Analyse von Biologinnen. Laut deren Gutachten stammten die Proben „zweifelsfrei" vom Mordopfer Michael Riesterer. Mehrere Zeugen wollten den Verdächtigen außerdem zur Tatzeit eindeutig in unmittelbarer Nähe des völlig einsamen Tatorts am Reitdeich gesehen haben.

1985 erließ ein Richter Haftbefehl. Nachdem Fotos des Mannes veröffentlicht worden waren, stellte sich der Gesuchte und kam in Haft. Sein Anwalt veranlasste ein weiteres Haar-Gutachten durch das BKA. Das Ergebnis: negativ. Die Hamburger Experten zweifelten es an. Ein dritter Gutachter mochte sich dann nicht festlegen. So kam es nicht einmal zu einer Anklage, und der 40-Jährige musste mangels Beweisen freigelassen werden.

Die Haare aus dem Fahrzeug des Mannes wurden von der Staatsanwaltschaft sorgsam verwahrt. 2018 schickte man sie zu Spezialisten der Innsbrucker Gerichtsmedizin. Das Ziel: DNA gewinnen.

So etwas war in den 80er Jahren noch unbekannt. Doch es lag zu wenig DNA vor, um zu einer weiterführenden Typisierung zu kommen. Durch die intensive Untersuchung sind die Haare „verbraucht". Laut Staatsanwaltschaft Hamburg gibt es zwar noch weitere Haare in der Asservatenkammer, allerdings sind diese in einem zu schlechten Zustand und für weitere Untersuchungen ungeeignet.

Und der Verdächtige von damals? Er ist heute 77 Jahre alt, hat Hamburg verlassen und lebt vereinsamt in einer anderen Großstadt. Vor ein paar Jahren hat ein Reporter des Magazins „Crime" ihn aufgespürt und ihm bei der ersten Begegnung Fotos der beiden Opfer vorgelegt. Der Mann erklärte, er habe diese Bilder noch nie gesehen, er wisse überhaupt nicht, wer die Jungen seien.

Eine Lüge. Die Fotos waren 1984/85 immer wieder veröffentlicht worden, und zwar zusammen mit Fotos des Verdächtigen. Das hat der damals in Hamburg lebende Mann natürlich verfolgt. Schließlich hatte er sich nach dem Erscheinen der Artikel den Behörden gestellt. Doch auch bei längeren Gesprächen mit dem Reporter beteuerte der 77-Jährige seine Unschuld, sagte, er werde seit Jahrzehnten verfolgt: „Ich bin unschuldig durch die Hölle gegangen." Ein Satz, der für Ex-Ermittler Rolf B. unerträglich ist.

Oben: Tagelang wurden die Gewässer in den Boberger Dünen nach den beiden Kindern abgesucht.

Rechts: Michaels Bruder Rolf (damals 15) mit dem Fahrrad des vermissten Jungen

Der Pensionär glaubt ihm kein Wort. Den Hauptkommissar, der in seiner Dienstzeit lediglich sieben von 157 Tötungsdelikten nicht aufklären konnte, hat der Fall nie losgelassen. Er sagt resigniert: „Mit den heutigen Möglichkeiten der Kriminaltechnik hätten wir ihn damals überführt ..."

Immer wieder verprügelt ein Kiezzuhälter eine Prostituierte.
Doch irgendwann erschoss sie ihn in Notwehr.

DIE MUTIGE TAT DER GABRIELE D.

In den frühen 1980er Jahren lebten Kiez-Zuhälter gefährlich. Alle paar Wochen kam es wegen Rivalitäten im Milieu zu Tötungsdelikten. Die Anteilnahme für die Opfer hielt sich in Grenzen. Ganz besonders wenig Mitleid empfand man damals mit Frank Schrubarz, auf dem Kiez nur als „Sachsen-Frankie" bekannt: Er hatte seine Freundin auf den Strich geschickt und sie immer wieder brutal verprügelt. In Notwehr griff sie schließlich in seiner Blankeneser Villa zu einem 38er-Revolver.

Die 80er Jahre werden oft als „Goldene Zeit" auf St. Pauli bezeichnet. Aus Sicht mancher üblen Zuhälter waren sie das auch. Und das ganz normale Berufsrisiko, mit Messer oder Pistole attackiert zu werden, das nahmen diese Männer eben in Kauf.

Das Geschäft mit dem Sex boomte damals auf dem Kiez. Die Frauen, die ihren Zuhältern oft in kurzer Zeit zu beachtlichem Vermögen verhalfen, hatten meist nichts von dem Reichtum – im Gegenteil. Gabriele D., Jahrgang 1958, war dafür ein gutes Beispiel. Vermutlich hatte Frank Schrubarz sie bereits im Alter von 17 oder 18 Jahren „animiert", für ihn in einem Bordell an der Davidstraße anschaffen zu gehen. Die übliche Masche der Zuhälter: Sie schworen ewige Liebe, versprachen eine gemeinsame Zukunft. Für diese vage Hoffnung gaben dann junge Frauen wie Gabriele D. ihren gesamten Liebeslohn dem ach so geliebten Mann.

Dieses perfide System funktionierte bei Gabriele D. so lange gut, bis sie erfuhr, dass Frank Schrubarz eine neue „Geliebte" hatte. Die war gleichaltrig, hieß ebenfalls Gabriele – und vermutlich zog Schrubarz bei ihr die gleiche Masche ab wie mit Gabriele D.

Doch der abgefeimte „Lude" wollte auf das Geld von Gabriele D. nicht verzichten. Mehr als 10.000 Mark übergab sie dem 1946 geborenen Kiezianer jeden Monat. Als Gabriele D. sich weigerte, weiter für „Sachsen-Frankie" anzuschaffen, verprügelte er sie brutal. Nicht ein Mal, sondern immer wieder.

So auch in der Nacht zum 26. November 1982. Doch diesmal hatte sich der Zuhälter verrechnet, als er sie in einer Villa an der feinen Potosistraße in Blankenese erneut brutal attackierte. Sie wusste, dass der Mann immer mit einem 38er-Revolver unterm Kopfkissen schlief. Die 24-Jährige griff sich den Smith & Wesson und drückte viermal ab.

Frank Schrubarz wurde in den Kopf getroffen. Seine neue Freundin Gabriele K. erlitt Schussverletzungen an Brust und Bein. Der alarmierte Notarzt ließ den Mann ins Krankenhaus Altona bringen, dort starb er drei Tage später. Gabriele K. überlebte schwer verletzt. Gabriele D. wiederum wurde von Polizisten festgenommen, sie kam ins Untersuchungsgefängnis und wurde ins Gefängniskrankenhaus verlegt. Sie hatte einen angebrochenen Arm und diverse Hämatome. Auch ältere erhebliche Verletzungen, die durch die Misshandlungen des Zuhälters entstanden waren, wurden festgestellt.

Daraufhin ging die Mordkommission schnell von einer Notwehrsituation aus. Der Haftrichter teilte diese Auffassung, und Gabriele D. wurde aus der Haft entlassen und von der Polizei in einem Versteck untergebracht. Die Ermittler hatten damals Angst vor einer Racheaktion aus dem Milieu. Dazu kam es nicht.

So manche Prostituierte auf St. Pauli dürfte Gabriele D. für ihre Tat als Heldin gefeiert haben.

Die ausgebeutete Prostituierte Gabriele D. (24) verübte ihre Notwehrtat mit einem Smith & Wesson.

Starb durch die Hand der Prostituierten: Zuhälter Frank Schrubarz (geb. 1946).

Unten: Die neue Freundin des Zuhälters erlitt Schussverletzungen. Hier wird sie durch den Vorgarten der Villa an der Potosistraße in Blankenese zum Rettungswagen getragen.

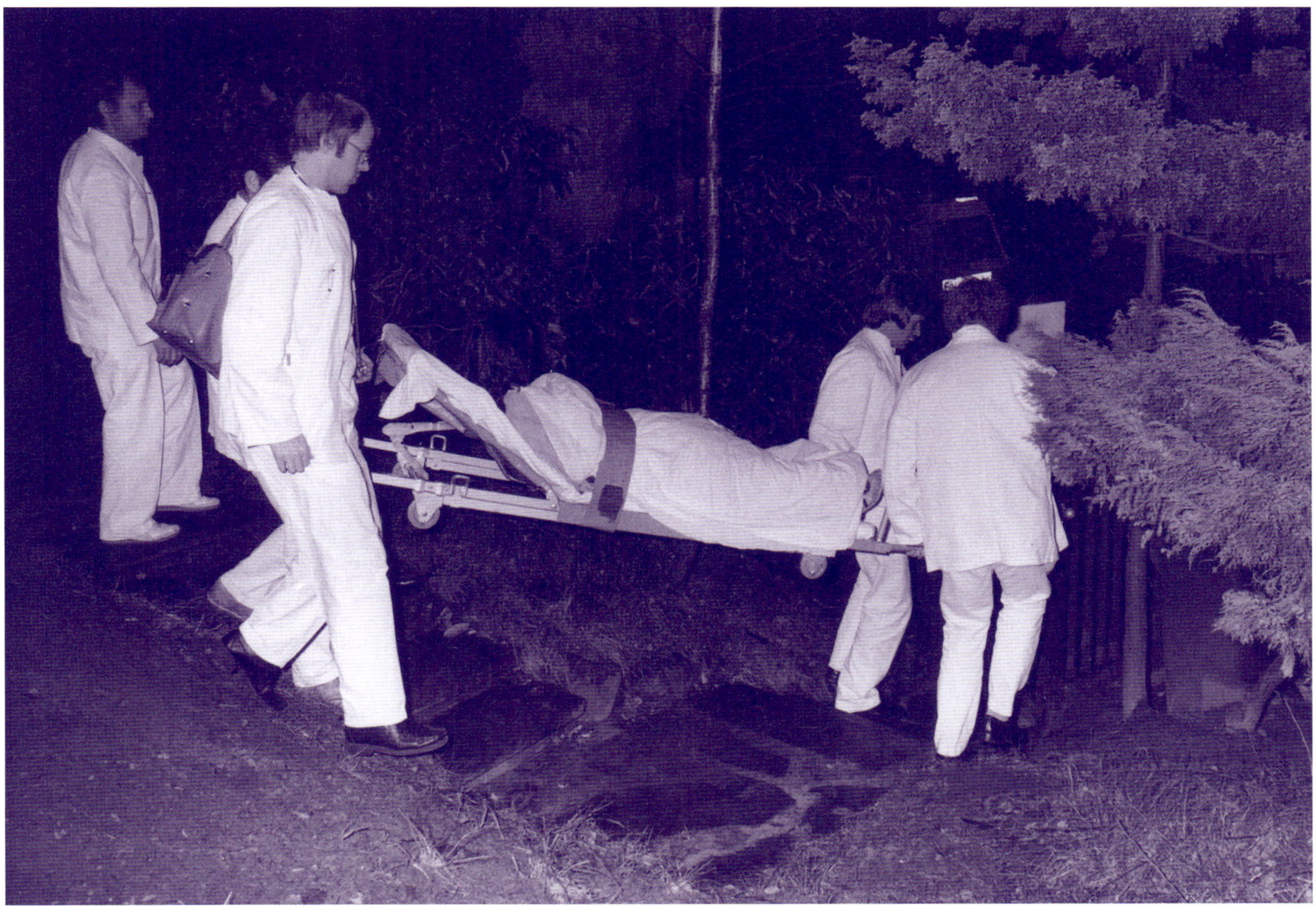

Die Hells Angels sind die berüchtigste Rockerbande der Welt. Und taten im Schanzenviertel der 80er Jahre alles, um diesem Ruf gerecht zu werden.

DER HELLS-ANGELS-TERROR IM SCHANZENVIERTEL

„Angels Place" hieß die üble Kaschemme. Vor vierzig Jahren war die Kneipe an der Schanzenstraße legendär und die Stammgäste im ganzen Stadtteil gefürchtet. Es handelte sich bei der Gaststätte neben dem Laden für Schlachterartikel nämlich um das Hauptquartier der Hells Angels. Hier saßen die breitschultrigen Männer abends beim Bier und planten ihre Gewalttaten. Vom „Angels Place" aus zogen sie los, um rund ums Schulterblatt Gastronomen zu bedrohen und Schutzgeld zu kassieren. Lang, lang ist es her. Das „Angels Place" ist längst abgerissen, heute steht hier an der Schanzenstraße zwischen Kampstraße und Ludwigstraße ein Neubau.

Öltriefende Harley-Davidson-Motorräder sind in Gaststätten in etwa so beliebt wie sabbernde Kampfhunde. Doch als zwei „Hells Angels" an einem warmen Sommertag 1983 ins „Pickenpack" am Schulterblatt knatterten, sagte der Wirt kein Wort. Kein Wunder: Seit Monaten hatten die „Höllen-Engel" diesen Teil St. Paulis mit brutalsten Mitteln terrorisiert.

So zwang im „Pickenpack" der fast zwei Meter große „Angel" Klaus-Peter Grabe eine Frau, ihm die Stiefel zu lecken. Kumpane warfen mit Essen, erbrachen sich am Tresen, verprügelten sogar einen hohen Richter. Der damalige „Pickenpack"-Chef: „Die rustikalen Auftritte führten zu einer gewissen Appetitlosigkeit bei den Gästen." Schon seit den 70er Jahren hatte die Rockerbande in Hamburg ihr Unwesen getrieben. 1971 war der damals 22 Jahre alte Rainer Kopperschmidt in die USA gereist und hatte nach langen Verhandlungen von den 1948 in Kalifornien gegründeten „Ur-Angels" die Erlaubnis erhalten, ein Hamburger „Charter" zu gründen.

Am 14. April 1973 dann die erste spektakuläre Gewalttat: Weil er angeblich den „Hupenring" eines „Angel"-Autos gestohlen hatte, wurde der Kirchenhelfer Dieter König (20) von den „Angels" im Gemeindehaus der Eimsbütteler Apostelkirche erstochen. 1980 dann wird auf Sylt ein Disco-Chef von mehreren „Hells Angels" regelrecht abgeschlachtet. Wer so was auf dem Kerbholz hat, braucht bei verängstigten Kiezwirten nur noch die Hand aufzuhalten. Das taten die „Angels" dann 1982/83 ausgiebig und kassierten jeden Monat bis zu 10.000 Mark „Wegbleibgebühr".

Ihr Motto: „When in doubt, knock them out" (Im Zweifel zuschlagen). Gut bezahlte Anwälte, die die „Höllen-Engel" in großer Zahl beschäftigten, bestritten empört solche Methoden. Es handele sich bei ihren Mandanten nicht um gewalttätige Rocker, sondern um „Persönlichkeiten, bei denen das Motorrad im Lebensmittelpunkt steht". Der damalige Innensenator Alfons Pawelczyk (SPD) teilte diese Auffassung nicht und blies zur Jagd auf die „Hells Angels".

Am 11. August 1983 rückten 500 Polizisten ins Schanzenviertel ein und stürmten das „Angels Place" an der Schanzenstraße, das „Vereinslokal" der Erpresser. Dort saßen gerade wie jeden Mittwoch zwanzig Rocker bei der wöchentlichen „Vorstandssitzung". Für alle hieß es: „Ab ins Polizeipräsidium am Berliner Tor". Ihre Motorräder, die fein säuberlich in Reih und Glied vor dem Lokal standen, ließ die Polizei abschleppen. Zusammen mit Waffen und „Rocker-Devotionalien" präsentierte die Polizei die Motorräder später auf einer Pressekonferenz.

Doch die Erleichterung auf dem Kiez , wo sich die „Hells Angels" auch als Betreiber von Bordellen etabliert hatten, hielt nicht lange an. Nach einem „Deal" mit der Justiz gab es 1986 für 13 angeklagte Höllenengel wegen diverser Delikte nur Strafen zwischen sieben Jahren Haft und sechs Monaten auf Bewährung. Die saßen Hardcore-„Angels" wie „Vereinschef" Mario Amtmann, „Vollstrecker" Grabe oder „Presi" Kopperschmidt auf einer Backe ab. Einzig bleibende Wirkung des Mammutverfahrens: Die Hamburger „Hells Angels" und ihr Symbol, der geflügelte Totenkopf, wurden von der Innenbehörde verboten. Begründung: „Die

‚Hells Angels‘ haben Angst und Schrecken verbreitet.“ Das Bundesverwaltungsgericht bestätigte 1988 das Verbot. Es gilt bis heute.

Die „Rot-Weißen“, wie die „Hells Angels“ wegen ihrer Vereinsfarben auch genannt werden, kümmerte das wenig. Sie bauten auf St. Pauli ihr Imperium neu auf, Drogen- und Waffenhandel kamen hinzu. Die Polizei, entsetzt über das Comeback, rüstete wieder zu einem Schlag: Im Jahr 2000 war es so weit. Aber auch nach diesen erneuten Razzien gab es 2001 einen „Deal“ vor Gericht. Die meisten angeklagten Rocker legten ein Geständnis ab und kamen mit milden Strafen davon.

Festgenommen: Hans-Joachim Ziethen, genannt Steinbeißer (oben links), Rainer Kopperschmidt (oben rechts) und Rudolf Triller, eine Art Pressesprecher der Hells Angels (unten rechts)

Dass seine Ex mit ihm Schluss gemacht hat, will Stefan M. nicht wahrhaben. Er verfolgte sie bis ins Parkhaus Rödingsmarkt – wo er sie erschoss.

FEMIZID IM PARKHAUS

Angela K. (21) hatte mit ihm Schluss gemacht. Doch Stefan M. (28) wollte das nicht wahrhaben. Er besorgte sich ein „Winchester"-Gewehr und erschoss die junge Frau am 30. März 1983 im Parkhaus Rödingsmarkt.

Drei Monate waren der Verwaltungsbeamte und die angehende Finanzbeamtin aus Neu Wulmstorf ein Paar gewesen. Doch sie suchte die wahre Liebe, er war hauptsächlich an Sex interessiert – es kam zum Bruch.

Vor Gericht behauptete Stefan M. später, dass die 21-Jährige ihm geraten habe, sich doch kastrieren zu lassen. Er bettelte aber nach eigener Aussage weiter um Sex, bot Angela K. sogar Geld, damit sie wieder bei ihm übernachtete. Doch die Frau wollte nicht – und der Mann begann, sie zu verfolgen.

Auch am Mittag des 30. März fuhr er mit seinem goldfarbenen Mercedes 280 CE hinter dem grünen VW Golf seiner Ex-Freundin her. Schließlich bog die 21-Jährige mit ihrem Auto in das Parkhaus am Alsterfleet ein. Als sie gerade auf dem ersten Parkdeck einparkte, blockierte er ihren Wagen mit seinem Mercedes. Mit vorgehaltenem Gewehr zwang Stefan M. Angela K. auszusteigen: „Komm raus!", schrie er.

In Todesangst wendete sich die Frau noch an andere Autofahrer: „Helft mir, holt die Polizei, er bringt mich um." Dann trieb Stefan M. sie mit der Waffe vor sich her. Angela K. schlug verzweifelt mit ihrer Handtasche nach dem Gewehrlauf, flehte: „Lass den Quatsch!"

Plötzlich fiel ein Schuss. Stefan M. hatte mit der „Winchester" aus der Hüfte gefeuert, traf sein Opfer in den Rücken. Er sprang in sein Mercedes-Coupé, umkurvte die sterbende junge Frau und fuhr nach unten, wo er mit seinem Wagen die Schranke des Parkhauses durchbrach.

Eine Stunde später stellte er sich in Itzehoe bei der Polizei, sagte nur: „Nehmt mich fest, ich habe gerade meine Freundin abgeknallt." Etwa zur selben Zeit gab der Notarzt im Parkhaus den Kampf um das Leben von Angela K. auf.

Nur wenige Monate später, im September 1983, stand der Täter vor Gericht. Vor der Großen Strafkammer behauptete Stefan M.: „Ich kann weder Ja noch Nein sagen, ob ich sie umbringen wollte."

Die schwer verletzte Angela K. (21) wird auf dem Parkdeck von einem Rettungssanitäter untersucht, rechts der Schauplatz: das Parkhaus am Rödingsmarkt.

PARKHAUS
iR
Auto-vermietung
iR
Autovermietung
EINFAHRT
interRent Autovermietung iR
interRent Autovermietung iR

TANKWARTMORD NACH KASSENSCHLUSS

Joachim Laubisch war ein Mensch, den alle nur gut gelaunt, freundlich und zugewandt erlebten. Misstrauen kannte er gar nicht, der 55-Jährige war immer hilfsbereit. „Mir passiert schon nichts", hatte der Tankwart oft gesagt. Ein Irrtum. Am 16. April 1983 schoss ihm ein Unbekannter im Alstertal Einkaufszentrum (AEZ) in Poppenbüttel eine Kugel in den Kopf.

Laubisch kam eigentlich aus der Hotellerie. Er hatte lange als Portier im damaligen „Plaza"-Hotel am CCH und im „Europäischen Hof" an der Kirchenallee in St. Georg gearbeitet. Doch nach einer schweren Erkrankung konnte er den anstrengenden Schichtdienst nicht mehr schaffen. Er sattelte um und wurde Tankwart an der Avia-Tankstelle im AEZ. Pünktlich um 8.30 Uhr begann Laubisch hier am 16. April 1983 seinen Dienst.

Es war viel los an diesem Sonnabend. Eigentlich hatte Joachim Laubisch um 14 Uhr Feierabend, doch auch um 14.30 Uhr stand er noch hinterm Tresen. Anschließend machte der Tankwart die Abrechnung. 8500 Mark und drei Schecks befanden sich in der Kasse. Laubisch steckte das Geld in eine „Geldbombe" – das ist ein kleiner Metallbehälter. Diesen wollte der 55-Jährige in eine spezielle Einwurföffnung bei der Haspa am nahen Kritenbarg einwerfen. Kurz vor 15 Uhr schloss Laubisch das Kassenhäuschen der Tanke ab und ging zu seinem weißen VW Golf, der in der unteren Etage des Parkdecks vom AEZ stand.

Was der Tankwart nicht wusste – sein Auto war nicht fahrbereit. Ein Unbekannter hatte die Motorhaube geöffnet und das Zündkabel herausgerissen. Als sich Joachim Laubisch nun in sein Auto setzte und es starten wollte, stürmte dieser Mann auf ihn zu und drohte mit einer Schusswaffe. Er fesselte die linke Hand seines Opfers mit einer Handschelle ans Lenkrad. Dann geschah das Unglaubliche: Der Täter setzte Joachim Laubisch die Waffe an die Schläfe und drückte ab. Der Tankwart war sofort tot. Der Räuber entkam mit der Geldbombe.

Sechs Stunden lang blieb der Raubmord unentdeckt. Erst der Wachmann, der gegen 21 Uhr seine Runde auf dem Parkdeck machte, entdeckte den Toten. Die Mordkommission rückte an, doch zunächst gab es keine Spuren, die zum Täter hätten führen können. Eine Kameraüberwachung in Parkhäusern war damals noch nicht vorhanden.

Acht Tage nach dem Mord wurde die leere Geldbombe am S-Bahnhof Friedrichsberg im Wandsbeker Mühlenteich entdeckt. Fingerabdrücke konnten darauf nicht gesichert werden. Nach einigen Wochen traf bei den Ermittlern das Gutachten der Kriminaltechnik über das Geschoss ein, das Joachim Laubisch tödlich verletzt hatte. Der Täter hatte aus einem Bolzenschussgerät eine Kartusche verwendet und sich mit einem Geschoss des Kalibers 357 Magnum selbst eine Patrone gebastelt. Diese feuerte er vermutlich mit einem umgebauten Gasrevolver der Marke „Arminius" ab.

Ende des Jahres 1983 war die Mordakte Joachim Laubisch schon 500 Seiten dick. 1984 wurde in der ZDF-Sendung „Aktenzeichen XY … Ungelöst" der Hamburger Mordfall ausgestrahlt. Es gingen diverse Hinweise ein, doch keiner führte zum Täter.

Im Februar 1985 wurde der 22-jährige Aushilfstankwart der Shell-Tankstelle an der Amsinckstraße in Hammerbrook auf die gleiche Weise wie Joachim Laubisch per Kopfschuss getötet. Hier entkam der Täter mit lediglich 310 Mark. Auch dieser Mordfall konnte nie aufgeklärt werden.

„Mir passiert schon nichts" – das Opfer Joachim Laubisch (55)

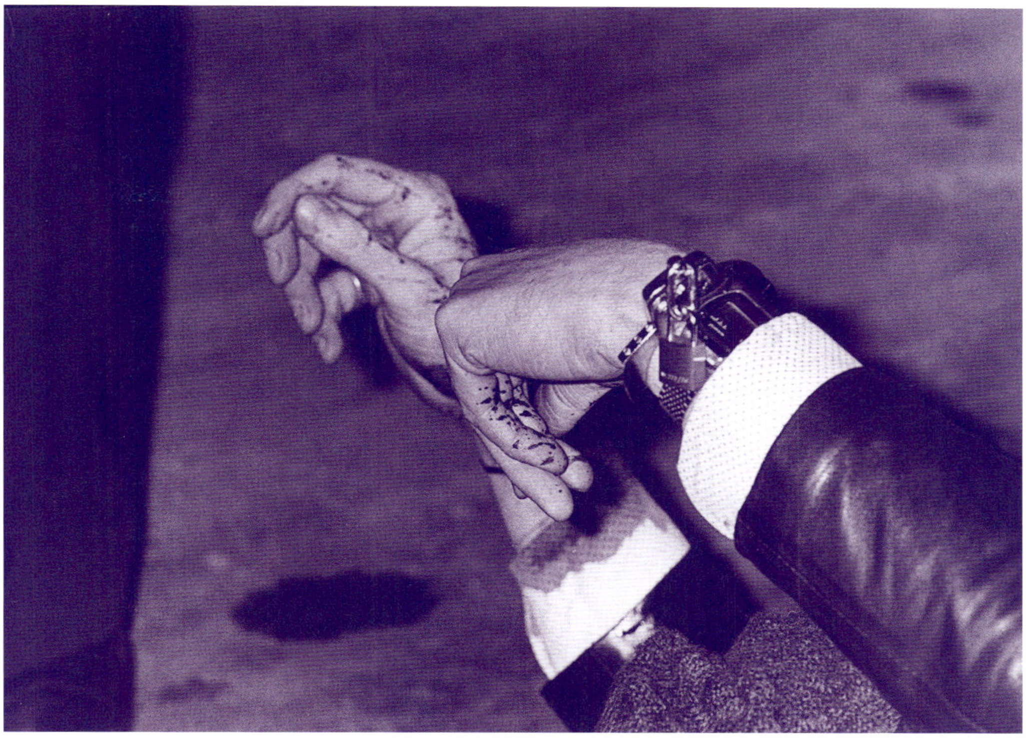

Die gefesselten Hände des Opfers und der manipulierte weiße VW Golf des Opfers auf der unteren Ebene des Parkdecks

Ein Hundebesitzer findet die Leiche einer Schülerin. Sie wurde missbraucht und erschlagen. Das Kapitalverbrechen ist bis heute ungeklärt.

MÄDCHENMORD AUF DEM FRIEDHOF WILHELMSBURG

Vor sechzig Jahren fand auf dem Friedhof Mengestraße in Wilhelmsburg die letzte Beerdigung statt. Heute ist die Grünanlage mit den verwitterten Grabsteinen ein wichtiger Teil des Inselparks. Die 1902 errichtete Kapelle wird als „Kulturkapelle" genutzt. Und genau vor dieser Kapelle ist vor 39 Jahren ein 16-jähriges Mädchen Oper eines Sexualmörders geworden.

Manuela G. war am Abend des 10. März 1983 bei ihrer Cousine zu Besuch gewesen. Gegen 20 Uhr hatte sich das Mädchen auf den Heimweg gemacht. Nur etwa ein Kilometer war es bis zur elterlichen Wohnung. Dieser Heimweg der 16-Jährigen führte am Friedhof Mengestraße vorbei. Es war schon dunkel, als Manuela G. hier ihren Mörder traf.

Unklar ist bis heute, warum das Mädchen auf dem Friedhof gewesen ist. Dazu gibt es verschiedene Theorien. Lockte der Täter die Schülerin unter einem Vorwand auf das verlassene Friedhofsgelände? Oder wendete er Gewalt an, zerrte Manuela G. auf das düstere Grundstück? Die Kripo konnte es nie herausfinden, denn Zeugen gab es keine.

Am nächsten Morgen führte ein Passant seinen Hund auf dem Friedhof aus. In unmittelbarer Nähe der Backsteinkapelle entdeckte er die Schülerin und alarmierte entsetzt die Polizei. Auch ein Notarzt traf ein, konnte aber nur noch den Tod des Opfers feststellen.

Die Mordkommission rückte an. Die Kripobeamten sicherten am Tatort unweit eines großen neogotischen Grabkreuzes einen etwa zehn Kilogramm schweren Stein. An dem befanden sich Blutanhaftungen. Mit großer Wahrscheinlichkeit hatte der Mörder sein Opfer damit erschlagen, nachdem er es missbraucht hatte.

Später klingelten die Beamten an der Wohnungstür des Werkmeisters Alfred G. und seiner Frau, überbrachten dem Ehepaar die furchtbare Nachricht vom Tod ihres Kindes. Die Polizei bat über die Medien um Hinweise, hängte Plakate mit dem Bild des Opfers in Postämtern und Geschäften auf.

Wirklich brauchbare Hinweise bekam die Polizei jedoch nicht. Später ergab sich ein Verdacht gegen einen Mann. Doch die Indizien reichten nicht einmal für eine staatsanwaltliche Anklage aus. Bis heute gibt der Fall der Mordkommission Rätsel auf, er wird weiterhin als „Unbekanntsache" in dieser Spezialdienststelle des Landeskriminalamts geführt.

Wenige Meter von der Friedhofskapelle entfernt liegt die abgedeckte Leiche.

Manuela G. (16) war auf dem Heimweg von ihrer Cousine, als sie ihren Mörder traf.

Im Eingangsbereich einer Villa an der Alster wird ein israelischer Geschäftsmann ermordet. Zwei Wochen später bekannten sich Terroristen zu der Tat.

DER KILLER LAUERTE IM HAUSFLUR

Als der Geschäftsmann Ephraim Halpern am 13. September 1983 gegen 18 Uhr von der Arbeit heimkommt, lauert im dunklen Hausflur der Villa Rothenbaumchaussee 181 ein Killer. Der schießt ihm vor seiner Wohnungstür mit einer Neun-Millimeter-Pistole ins Herz. Der 46-jährige Israeli ist sofort tot. Wenig später bekennen sich palästinensische Terroristen zu dem Mordanschlag mitten in Harvestehude.

„Tadiran" ist der Name eines israelischen Rüstungskonzerns, und der gründete 1978 eine Tochterfirma – die Spezial Gerätebau Hamburg (SGH). Die hatte ihren Sitz in Finkenwerder und bekam um 1980 einen 45-Millionen-Auftrag der Bundeswehr. Es ging damals angeblich um transportable Fernmeldekabinen für militärische Zwecke. Insider sprachen jedoch davon, dass das Finkenwerder Rüstungsunternehmen auch Spezialcontainer für Raketen, Geschützmunition und Drohnen fertigte. Geschäftsführer der SGH wiederum war Ephraim Halpern.

Der Ingenieur, den seine Freunde nur Efi nannten, hatte eine militärische Vergangenheit. Er war Major der israelischen Luftwaffe und er soll Geheimdienstkontakte gehabt haben. Als die Hamburger Mordkommission auf diese Hintergründe stieß, war den Beamten klar, dass es sich hier ganz sicher nicht um ein „normales" Tötungsdelikt handelt.

Zunächst aber machten sich die Ermittler an die übliche Spurensuche. Der Täter hatte nur einen einzigen Schuss abgefeuert. Das Geschoss traf das Opfer am Schulterblatt, durchschlug das Herz und blieb in einem hölzernen Türrahmen der Villa stecken. Eine Nachbarin sah einen jungen blonden Mann flüchten, der in einem roten Mittelklasseauto davonfuhr. Wenige Tage später entdeckte eine Rentnerin in einem Papierkorb an der Oberstraße bei den Grindelhochhäusern die Tatwaffe. Es handelte sich um eine deutsche Wehrmachtspistole vom Typ Walther P38, hergestellt zwischen 1941 und 1945.

Am 27. September 1983 traf bei der Deutschen Presse-Agentur in Bonn ein Bekennerbrief palästinensischer Terroristen mit dem Titel „Die palästinensische Revolution wird gewinnen" ein. Eine Organisation mit dem Namen „Sabra und Shatila Organisation" bekannte sich zu dem Mord. Das Opfer sei für die „Zionistisch-imperialistische Allianz" tätig gewesen. Die von Halpern geleitete Hamburger Rüstungsfirma habe verschiedene Armeen und das „rassistische Regime" in Südafrika mit Waffenteilen beliefert.

Die Staatsschutzabteilung der Hamburger Kripo hatte sich schon unmittelbar nach dem Mord eingeschaltet. Auch der legendäre israelische Geheimdienst Mossad schickte Agenten nach Hamburg. Der Fall wurde bei der Sendung „Aktenzeichen XY ... Ungelöst" im ZDF gezeigt. Doch der Mörder des Geschäftsmanns konnte bis heute nicht ermittelt werden.

Die Rüstungsproduktion der SGH in Finkenwerder wurde 1987 eingestellt.

Linke Seite: Das Opfer Ephraim Halpern und die Tatwaffe, eine Walther P38

Rechts und unten: Bestatter tragen den Sarg mit der Leiche des Opfers aus der Stadtvilla an der Rothenbaumchaussee, am Tatort durchwühlen Beamte auch die Mülltonnen nach Spuren.

Der Filialleiter eines Supermarkts wird mit einer Schrotflinte erschossen.
Das Motiv des Mords wird wohl für immer völlig unklar bleiben.

DER RÄTSELHAFTE MORD AUF DEM ALDI-PARKPLATZ

Den ersten Mordanschlag am 3. November 1983 vor dem Aldi-Markt am Alten Teichweg in Dulsberg überlebt Michael Berger. Doch vier Wochen später kann der 25-Jährige dem Killer nicht mehr entkommen. Der Supermarkt-Chef wird beim Verlassen seiner Aldi-Filiale erschossen. Der Fall ist bis heute ungeklärt und das Motiv völlig rätselhaft.

Michael Berger war ein vorsichtiger Mann. Die Einnahmen des Aldi-Markts am Alten Teichweg 71, dessen Chef er seit einigen Wochen ist, bringt er immer schon während des Tages unauffällig zur Bank. Trotzdem parkt er seinen Wagen, einen VW Golf I, immer direkt neben dem Eingang des Discounters, damit er nach Geschäftsschluss nicht über den dunklen Parkplatz gehen muss.

Doch am 3. November 1983 nützt ihm seine Vorsicht nichts. Am Aldi-Eingang stürmen abends nach Ladenschluss zwei Männer auf den Kaufmann zu, brüllen: „Halt! Stehen bleiben!" Dann fallen Schüsse. Die Angreifer feuern mit einer Pistole und einer Flinte. Einen Tag später sagt Michael Berger der MOPO: „Die Kugeln pfiffen uns nur so um die Ohren."

Der 25-Jährige flüchtet hinter eine Telefonzelle, bleibt unverletzt. Seine Verkäuferin Sabine R. (20) wird von Geschossen in Oberschenkel und Arm getroffen. Ein Zollbeamter wird noch in fast hundert Metern Entfernung von einer Kugel beinahe getötet. Er erleidet einen Streifschuss an der Stirn! Die Kripo stellt später fest: Die beiden Verbrecher haben mindestens 17-mal geschossen. Aber warum? Sie forderten kein Geld, sondern eröffneten sofort das Feuer.

Als Michael Berger nach den Schüssen heimkommt, sagt er fassungslos zu seiner Frau Monika: „Die haben auf mich geschossen, meine Angestellte verletzt. Ich kann mir das alles überhaupt nicht erklären." Monika Berger wiederum sagte der MOPO: „Er hatte keine Feinde. Das ist alles nicht zu verstehen."

Am 1. Dezember 1983 sitzt Michael Berger im Aldi-Markt und überprüft seine Einkaufslisten. Kurz nach 19 Uhr verlässt er den Supermarkt – wie immer ohne die Einnahmen. Der junge Kaufmann geht zu seinem Wagen. Am Parkplatz aus einem Gebüsch am Osterbekkanal wird er genau beobachtet. Ein Killer hat sich dort versteckt, nun hebt er seine Schrotflinte und drückt mehrmals ab. Von einer Schrotladung in den Bauch getroffen bricht Michael Berger zusammen. Eine Schlagader ist zerfetzt, und er verblutet innerhalb weniger Minuten.

Die Mordkommission ermittelt wochenlang, doch es gibt keinerlei Hinweise auf Täter oder Motiv. Ein Raubüberfall scheint ausgeschlossen. Führte der unauffällige junge Mann, der Konditor gelernt hat und dann als Maat bei der Marine diente, vielleicht ein Doppelleben?

Am 9. Dezember 1983 wird Michael Berger auf dem Friedhof Ohlsdorf beigesetzt. Seine Witwe veröffentlichte eine Todesanzeige: „Unser Glück war nur allzu kurz. Man hat mir mein Liebstes genommen. Mein Schieti, mein Michi! Es war ein kaltblütiger Mord. Warum, warum, warum?"

Aldi-Filialleiter Michael Berger (25) ließ sich nach dem ersten Mordanschlag am Tatort von der MOPO fotografieren. Vier Wochen später wurde er dort erschossen.

Der damalige Abendblatt-Polizeireporter und spätere Stern-Chefredakteur Thomas Osterkorn zeigt ein Einschussloch in einer Telefonzelle.

Eine unverschlossene Tür wird Sylvia D. im Schwesternheim des Krankenhauses Altona zum tödlichen Verhängnis. Bis heute wurde der Täter nicht gefasst.

NACHTS STAND PLÖTZLICH EIN MÖRDER IM ZIMMER

Die Kripo hat mehr als 300 Spuren verfolgt und dreißig Verdächtige überprüft. Die Ermittler sicherten Fingerabdrücke des Täters – und es gibt sogar eine Tatzeugin. Doch bis heute ist der beinahe vierzig Jahre zurückliegende Mord an der Schwesternschülerin Sylvia D. (18) in Othmarschen ungeklärt.

Der 16. November 1983 war Buß- und Bettag, damals in Hamburg noch ein Feiertag. Schwesternschülerin Sylvia D. (18) und ihre Freundin Monika C. (19) nutzen den Abend vor dem freien Tag für einen ausgedehnten Dom- und Kneipenbummel. Erst gegen 3 Uhr morgens lassen sie sich von einem Taxifahrer zurück ins Schwesternheim des Krankenhauses Altona am Schwengelkamp fahren. Übermüdet fallen beide in ihrem gemeinsamen Zimmer ins Bett und machen einen verhängnisvollen Fehler: Sie vergessen, die Zimmertür abzuschließen.

Es ist 6 Uhr früh, als ein junger blonder Mann das elfstöckige Hochhaus betritt. Hier leben rund einhundert Schwesternschülerinnen. Im zehnten Stock schleicht der Unbekannte über den Flur und prüft, welche Zimmertüren unverschlossen sind. Im Zimmer 1005 hat er Erfolg und überrascht die beiden schlafenden jungen Frauen. Zunächst hält er Monika C. den Mund zu und flüstert: „Ganz ruhig, dann passiert dir nichts. Sei ganz brav." Er fesselt die 19-Jährige und missbraucht sie. Dann geht er zum Bett von Sylvia D.

Die 18-Jährige schläft, hat von allem nichts mitbekommen. Als sie erwacht und den Täter sieht, schreit sie, wehrt sich verzweifelt. Da legt ihr der kräftige Verbrecher ein Tuch um den Hals und fragt: „Willst du sterben?" Sylvia antwortet: „Ja, ja." Der Eindringling, der eine schwarze Lederjacke und eine Cordhose trägt, erdrosselt sie.

Dann fällt er noch mal über Monika her. Anschließend raubt er das Taschengeld der beiden Frauen und spült am Waschbecken eine blutende Wunde an seiner Hand. Er hatte sich am Ohrring von Sylvia D. die Hand aufgerissen. Schließlich flüchtet der Mann aus dem Zimmer – und entkommt.

Nach dem Mordfall entbrennt eine öffentliche Diskussion über die Situation im Schwesternheim. Mitschülerinnen gehen auf die Straße und fordern bei einer Demonstration: „Wir wollen kein Freiwild sein." Sie beklagen die mangelnde Sicherheit in dem Hochhaus, angeblich war es 1983 bereits zu diversen weiteren Sexualverbrechen in dem Gebäude gekommen.

Die zuständige Sozialbehörde kontert, dass die Bewohnerinnen Eingangskontrollen abgelehnt und die Schließanlage ausgetrickst hätten, damit sie ungestört Besuch empfangen und Partys feiern können. Die CDU bringt das Thema sogar in die Bürgerschaft. Das Schwesternheim sei Schauplatz von Drogenpartys, es werde dort im großen Stil mit Hasch gedealt. Die Polizei habe bereits vor den Zuständen in dem Gebäude gewarnt. Die Gesundheitsbehörde kontert, man habe durchgegriffen und mehrere Bewohnerinnen wegen Verstoßes gegen die Hausordnung rausgeschmissen.

Während sich im Rathaus die Politiker stritten, versuchte die Mordkommission den Täter zu fassen. Es kam zu dreißig Gegenüberstellungen mit Verdächtigen, die das überlebende Opfer Monika C. überstehen musste. Doch der Mann, der sie vergewaltigt und ihre Freundin getötet hatte, war nicht dabei.

Sylvia D. (18) wehrte sich verzweifelt, doch der Mörder war stärker als sie.

Streifenwagen vor dem Hochhaus am Schwengelkamp. Der Pfeil zeigt auf den Tatort.
Das Schwesternheim ist inzwischen abgerissen worden.

Aus einem Teppichlager im Alsterhaus klauen Ganoven wertvolle Unikate. Das feinste Stück der Beute sollte nie wieder auftauchen.

DIE LEERUNG EINER „SCHATZTRUHE"

Vor vielen Jahren, als echte Orientteppiche noch gesuchte Einrichtungsgegenstände und oft extrem teuer waren, da gab es im Alsterhaus am Jungfernstieg die „Schatztruhe". Dort lagerten Teppiche im Millionenwert. Und genau hier schlugen in der Nacht zum 12. Januar 1984 Profieinbrecher zu und machten reiche Beute.

Die Täter wussten genau Bescheid und hatten die Schwachstellen der Sicherungsanlagen offenbar tagelang ausbaldowert. Sie schlugen zunächst die Scheibe des Pförtnerhäuschens des Parkhauses an der Rückseite des Alsterhauses (Poststraße/Ecke Bei der Stadtwassermühle) ein. Dann gelangten sie im zweiten Stock des Parkhauses zu einer Glastür, die zu einem Verbindungsweg ins Alsterhaus führte. Auch diese Tür zertrümmerten die Ganoven, ohne dass es jemand bemerkte.

Die Diebe drangen ins Kaufhaus ein und standen schnell vor der mit Panzerglas gesicherten „Schatztruhe". Mit einigen wuchtigen Schlägen mit einem Vorschlaghammer gelang es ihnen aber, eine kleinere Scheibe herauszuschlagen. Die Männer schleppten 22 erlesene Teppiche im Wert von 1,4 Millionen Mark aus dem Geschäft und hasteten durch das Parkhaus. Die Beute warfen sie dort aus dem zweiten Stock auf die Straße und kletterten mit einer selbst gebastelten Strickleiter hinterher. Die Täter entkamen unerkannt. Erst am nächsten Morgen bei Öffnung des Alsterhauses wurde der Coup entdeckt.

Die Kripo interessierte bei ihren Ermittlungen vor allem, warum weder Bewegungsmelder noch Alarmanlage an der „Schatztruhe" funktioniert hatten. Hatten die Einbrecher Hinweise eines Insiders? Dafür fanden sich keine Beweise. Und dann war da noch das Prachtstück aus der Beute – ein achtzig Jahre alter Bildteppich.

Auf dem „Kirman Lawer" aus dem Besitz des Hamburger Teppichkaufmanns Roubeni befanden sich Abbildungen von 81 Persönlichkeiten der Weltgeschichte: von Moses über Karl den Großen bis zu Napoleon Bonaparte.

An diesem Bildteppich sollen dreißig Knüpfer in einer kaiserlich-persischen Teppichmanufaktur zehn Jahre lang gearbeitet haben. Der einmalige Teppich besteht aus 600.000 Knoten und hatte allein schon einen Wert von 750.000 Mark. So ein Teil muss doch irgendwann wieder auftauchen, hofften die Hamburger Ermittler. Ende 1984 präsentierten die Kripoleute das Unikat in der ZDF-Sendung „Aktenzeichen XY … Ungelöst".

144 Hinweise gingen ein, und sogar eine heiße Spur war darunter. Hauptkommissar Lothar Opitz, der Chef des Hamburger Einbruchdezernats, sagte damals zur MOPO: „Wir haben drei verdächtige Rumänen verhört, aber das Belastungsmaterial reichte für eine Anklage nicht aus." Der Fall ist bis heute ungeklärt, und auch der Bildteppich blieb für immer verschwunden.

Aus der zweiten Etage des Parkhauses, das direkt an die Rückseite des Alsterhauses grenzt, warfen die Diebe die Teppiche auf die Straße.

Seemann-Paul

Ein Zuhälter wird verprügelt und erleidet einen Nasenbeinbruch.
Kurz danach übte er tödliche Rache.

ER SCHOSS SEINEN WIDERSACHER VOM BARHOCKER

Weiße Stiefel, weiße Jeans, ein weißes Shirt mit tiefem Ausschnitt, damit seine Brusthaare gut zu sehen sind. Dazu kam ein Schnauzer, und die langen schwarzen Haare waren kunstvoll zur Dauerwelle geföhnt. Sadettin T. wirkt wie die überzogene Karikatur eines Zuhälters. Doch 1984 fand der „Lude“ sein Outfit sicher extrem cool. In die MOPO gelangte das Foto des 25-Jährigen, weil er einen anderen Zuhälter vom Barhocker schoss.

In der damaligen Zeit lebte der Zuhälter von der Ausbeutung der 20-jährigen Andrea P. Die attraktive junge Frau prostituierte sich in St. Georg an der Ecke Bremer Reihe/Steintorweg. Diesen „Stammplatz“ machte ihr eines Tages eine andere Prostituierte (23) streitig.

Andrea P. rief ihren „Beschützer“. Sadettin T. stieg sofort in seine dunkelblaue Mercedes-S-Klasse 380 SEL. Das Auto – von den Einnahmen der Hure gekauft – war der ganze Stolz des Zuhälters. Den Mercedes-Stern am Kühler des Autos hatte er vergolden lassen. Der Schlüssel für die Luxus-Limousine baumelte an einem goldenen Anhänger, an dem sich wiederum die Initialen des „Luden“ – goldgefasst mit Brillanten – befanden.

Als Sadettin T. mit dem Daimler an der Bremer Reihe vorfuhr, wartete dort schon Behcet Y. (23) – der Zuhälter der 23-jährigen Prostituierten. Es kam zur Prügelei. Sadettin T. verlor, erlitt einen Nasenbeinbruch. Er war bei der Auseinandersetzung behindert, weil sein rechter Arm eingegipst war – vermutlich eine Verletzung aus einer früheren Schlägerei.

Wütend raste der 25-Jährige davon, holte einen großkalibrigen Revolver und fuhr damit sofort zurück nach St. Georg. Mit der Waffe in der Hand stürmte Sadettin T. an der Bremer Reihe ins Lokal „Astra-Pott“ und schoss dreimal auf seinen Widersacher Behcet Y. Der hatte arglos am Tresen gesessen und Bier getrunken. Die 38er-Geschosse trafen den Zuhälter in den Rücken. Das Opfer fiel tödlich getroffen vom Barhocker. Die anderen Kneipengäste rannten in Panik aus der Gaststätte und riefen die Polizei.

Zusammen mit Andrea P. flüchtete Sadettin T. in seinem Mercedes Richtung St. Pauli. Am Rödingsmarkt entdeckte eine Zivilstreife des Mobilen Einsatzkommandos (MEK) den Fluchtwagen. Als die Beamten das Auto stoppten und sich mit gezogenen Dienstwaffen dem Fahrzeug näherten, warf der Zuhälter die Mordwaffe in hohem Bogen aus dem Fenster des Mercedes und ließ sich festnehmen.

Die 20-jährige Hure, um die es bei dem tödlichen Streit ging, auf dem Weg zur Vernehmung in der Polizeiwache 18, die sich damals an der Kirchenallee befand

Was für ein Outfit! Der Zuhälter Sadettin T. (25) wird nach den tödlichen Schüssen von einem Polizisten abgeführt und zur Mordkommission am Berliner Tor gebracht.

„SHERIFFSTERN" RETTET EINEM BOTEN DAS LEBEN

Vor vierzig Jahren trugen Geldboten der Firma Brink's Schenker dunkelblaue „US-Pilotenjacken" mit einem Brustabzeichen aus Metall. Rainer M. war damals dort angestellt und fand sein Outfit und speziell den „Sheriff-Stern" irgendwie albern. Das änderte sich am 23. Juni 1984. Da rettete das „Shield" dem 22-Jährigen bei einem Überfall das Leben.

An diesem Sonnabend war wie fast jeden Tag Hochbetrieb im „Divi-Warenhaus" am Grandkuhlenweg in Lurup. Und im Gegensatz zu heute wurde damals überwiegend mit Bargeld bezahlt. Die Geldscheine landeten in der Hauptkasse des Kaufhauses im ersten Stock. Und die ist an diesem Tag das Ziel der beiden Geldboten, die mit einem gepanzerten blauen Transporter auf dem Gelände vorfahren und auf dem Behindertenparkplatz stoppen. Ein dritter Mann bleibt aus Sicherheitsgründen die ganze Zeit im Auto.

Rainer M. (22) und sein gleichaltriger Kollege Ralf M. gehen in die Hauptkasse und stopfen 17 „Geldbomben" in zwei große olivgrüne Leinentaschen. Diese „Geldbomben" sind massive verschließbare Metallbehälter, in denen die Kassierer in den einzelnen Abteilungen jeweils ihre Ein-

Tatort Grandkuhlenweg: Direkt vor dem Warenhaus steht der Geldtransporter. Ein angeschossener Geldbote wird im Notarztwagen behandelt.

Der schwere Revolver eines Geldboten liegt neben einer Schrotpatronen-Hülse der Täter. Unten: Wachmann Uwe B. (25) blieb beim Überfall im Fahrzeug. Er trägt das gleiche Abzeichen, das seinem Kollegen das Leben rettete.

nahmen verstauen. Diesmal befinden sich rund 250.000 Mark Bargeld und Schecks im Wert von 50.000 Mark in diesen röhrenförmigen Behältern.

Als nun die beiden Geldboten mit den Einnahmen das Gebäude verlassen und auf den Geldtransporter zugehen, achten sie nicht auf den jungen Mann, der einen hellen Trenchcoat und einen roten Schlapphut trägt. Er hält eine Leinentasche in der Hand, aus der ein Rohr herausragt – der Lauf einer Repetier-Schrotflinte. Zur Tarnung hat der Schlapphut-Träger eine Herrensocke über den Lauf gestülpt.

Plötzlich tritt der Mann hinter die Geldboten und schreit: „Geldsäcke her!“ Ralf M. glaubt an einen dummen Scherz und dreht sich nicht mal um. Doch sein Kollege Rainer M. erfasst den Ernst der Lage und zieht seinen schweren Smith & Wesson-Revolver vom Kaliber 357 Magnum. Eine Sekunde später reißt ihn eine Schrotladung von den Füßen. Nun zieht auch der zweite Geldbote seinen Revolver und wird sofort vom zweiten Schuss des Gangsters in den linken Arm getroffen. Ralf M. wirft sich daraufhin hinter einem geparkten Auto in Deckung. Seine Beine aber schauen hinter dem Wagen hervor. Nun schießt der Gangster ein drittes Mal und trifft den Fuß des 22-Jährigen. In Todesangst wirft Ralf M. dem Verbrecher seinen Revolver vor die Füße und ruft: „Du hast gewonnen.“

Der Verbrecher schnappt sich die Geldsäcke. Unglaublich: Völlig grundlos schießt er dem hilflos und verletzt am Boden liegenden Ralf M. mit der Schrotflinte in den Rücken.

In diesem Moment taucht ein zweiter Räuber auf, bedroht Passanten mit einem schweren Revolver und sichert die Flucht seines Komplizen. Das Gangsterduo entkommt in einem grünen VW Polo. Die Polizei setzt bei der Fahndung vierzig Streifenwagen, den Polizeihubschrauber „Libelle“ und das Mobile Einsatzkommando (MEK) ein. Doch die Beamten entdecken nur den verlassenen Fluchtwagen auf einem Parkplatz in Bahrenfeld. Der VW Polo war von den Verbrechern an der Königstraße in Altona gestohlen worden.

Die schwer verletzten Geldboten werden ins AK Altona gebracht. Die Männer waren von grobem Schrot, sogenannten „Sauposten“, getroffen worden. Die beiden Verletzten überleben. Aber Ralf M., der von den Kugeln in die Lunge getroffen wurde, bleibt erwerbsunfähig. Rainer M. dagegen wurde von seinem massiven Abzeichen vor Schlimmerem bewahrt. Zwei von sechs der jeweils rund acht Millimeter großen Schrotkugeln haben das Metall-„Shield“ auf seiner Brust getroffen und es eingedellt. Der 22-Jährige wird wieder ganz gesund und kann erneut als Geldbote arbeiten.

Die Polizei gründet eine Sonderkommission. Die Ermittlungen ergeben nach Untersuchung der Patronenhülsen, dass mit demselben Schrotgewehr 1983 bereits Michael Berger (25), Filialleiter eines Aldi-Markts in Dulsberg, erschossen worden war. Insgesamt verfolgt die Kripo bis 1985 genau achtzig Spuren – viele davon führen nach St. Pauli. Es gibt Hinweise, dass die Täter aus dem Rotlichtmilieu kommen und noch für weitere Verbrechen wie den Überfall auf einen Eurospar-Markt in Eilbek verantwortlich sind. Doch ein konkreter Tatverdacht ergibt sich nicht, die brutalen Gangster werden niemals ermittelt.

DER TOTE AUTOHÄNDLER IM KOFFERRAUM

Autohandel ist bis heute ein Geschäft, bei dem immer noch viel mit Bargeld hantiert wird. Vor 38 Jahren wurde das dem Hamburger Autohändler Youssef Amer zum Verhängnis. Seine Ehefrau entdeckte ihren ermordeten Mann auf St. Pauli im Kofferraum eines Mercedes.

Der 36-jährige Ägypter hatte sich mit Fleiß und Geschäftssinn einen eleganten Autosalon an der Hammerbrookstraße in St. Georg erarbeitet. Amer handelte nicht mit VW Golf oder Opel Kadett, sondern mit Sportwagen und Luxuslimousinen – vor allem Mercedes S-Klasse. Er selbst fuhr einen weißen 280 SEL mit Schwellern und Spoilern. Das auffällige Fahrzeug sollte sein Grab werden.

Am 19. Juni 1984 verabschiedete sich der Autohändler in Volksdorf von seiner Ehefrau: „Ich muss noch mal zu einem Geschäftstermin." Zuvor hatte Amer 50.000 Mark von der Bank geholt, offenbar wollte er ein Auto ankaufen. In der Nacht sahen Bekannte den Kaufmann in einem Lokal an der Kirchenallee. Dort soll er telefoniert haben. Vermutlich verabredete er sich in diesem Moment mit seinen Mördern.

Als Youssef Amer am nächsten Morgen nicht nach Hause kam, ging seine Frau zur Polizei und erstattete Vermisstenanzeige. Drei Tage später entdeckten Polizisten den weißen Mercedes an der Simon-von-Utrecht-Straße auf St. Pauli. Drei Stunden observierten Zivilfahnder das Fahrzeug. Als sich niemand dem Auto näherte, riefen die Beamten die Ehefrau des Vermissten an. Sie eilte auf den Kiez und übergab den Polizisten den Fahrzeug-Zweitschlüssel. Im Kofferraum lag die zusammengekrümmte Leiche des Autohändlers. Der 36-Jährige war durch drei Messerstiche getötet worden. Von dem hohen Geldbetrag, den er zuvor abgehoben hatte, fehlte jede Spur. Laut Staatsanwaltschaft Hamburg ist der Fall bis heute ungeklärt.

Damals gab es Hinweise, dass der Hamburger nicht das einzige Opfer gewesen ist. Mit Verkaufsanzeigen wie „Mercedes 560 SEC. Besonders schönes Stück" wurden vier weitere Autohändler in die Falle gelockt. Die unbekannten Täter ermordeten die Männer in Goslar, Mannheim, Nürnberg und Fürth und erbeuteten mehrere Hunderttausend Mark.

MOPO-Bericht aus dem Juni 1984. Im Kofferraum des S-Klasse-Mercedes wurde die Leiche von Youssef Amer entdeckt.

Fotos:

Spuren weisen darauf hin, daß Youssef Amer (Foto) in einem Wald ermordet und mit seinem Wagen nach St. Pauli gebracht wurde

Mördersyndikat brachte Toten nach St. Pauli

Hamburg – In brutalster Chikago-Manier zieht ein Mörder-Syndikat durch die Bundesrepublik. Die Gangster locken Autohändler mit Verkaufsangeboten von Luxus-Limousinen in eine Falle, ermorden sie und rauben die Opfer aus. Das bisher letzte Opfer wurde ein Hamburger Autohändler.

Am vergangenen Dienstag verabschiedete sich der Ägypter Youssef Amer (36) von seiner deutschen Ehefrau in Volksdorf: „Ich muß noch mal weg, zu einem Geschäftstermin.“ Frau Amer sah ihren Ehemann nicht mehr lebend wieder.

Der 36jährige Ägypter, In-[illegible]er eines eleganten Autosa-[illegible]s an der Hammerbrookstraße, hatte zuvor noch 50 000 Mark Bargeld von seiner Bank geholt. Zuletzt lebend gesehen wurde der Geschäftsmann von Freunden in der Nacht zum Mittwoch in einem Lokal an der Kirchenallee (St. Georg). Youssef Amer wurde beim Telefonieren beobachtet. Vermutlich machte er mit seinen späteren Mördern einen Treffpunkt aus. Als der Autohändler am nächsten Tag nicht nach Hause kam, erstattete seine Frau Vermißtenanzeige.

In der Nacht zum Sonnabend entdeckte die Polizei den schneeweißen Mercedes 280 SEL des verschwundenen Geschäftmannes in der Simon von Utrecht Straße auf St. Pauli. Drei Stunden lang beobachteten Zivilfahrer das Fahrzeug.

Als sich nichts tat, wurde die Ehefrau verständigt. Mit einem Zweitschlüssel öffnete man auch den Kofferraum – entsetzt prallten alle zurück. Zusammengekrümmt und blutüberströmt lag dort Youssef Amer – er war durch drei Messerstiche ermordert worden.

Bereits fünf Autohändler ermordet

Hamburg – Youssef Amer war bereits das fünfte Opfer des Mörder-Syndikats. Mit Zeitungs-Anzeigen locken die Gangster Autohändler in die Falle, ermorden sie und verschwinden mit dem Geld.

„Mercedes 500 SEC, besonders schönes Stück!“ Auf diese Annonce hin reiste der Frankfurter Autohändler Peter Schumacher (41) nach Nürnberg. Er wurde erschossen – 95 000 Mark geraubt. Sein Kollege Manfred Siebers (34) aus Plön wurde nach Goslar belockt. Er hatte 93 000 Mark dabei. Die Gangster töteten Siebers mit zwei Kopfschüssen. In Fürth und Mannheim wurden zwei weitere Autohändler Opfer der Bande.

Foto: Hirschbiegel

Eine große Linde warf der Sturm in Hamburg auf dieses dreistökkige Haus. Der Feuerwehrkran mußte helfen

Von Brötchen & Pistolen

Hamburg – Am Sonnabend morgen stürmten zwei 19 und 23 Jahre alte Arbeiter einen „Nur Hier“-Brotladen an der Niendorfer Straße. Beide zogen Pistolen und bedrohten den Bäcker Günter H. (42): „Brötchen her, oder es knallt!“ Trotz der Pistolen rückte der Bäcker kein Rundstück heraus. Darauf flüchteten die verhinderten Brötchen-Räuber. Kurze Zeit später wurden sie festgenommen

Polizist half

Trotz Orkan und Sturm fuhren am Wochenende in wieder **Dänen** über die **marnsundbrücke.** Die F Schwere Unfälle, weil in wieder Wohnwagen-Anhä umkippten. Die Polizei ba **Verkehrsstudio** um Warn dungen, doch die **Skan vier** verstanden die deuts Sendungen offensich nicht.

Der Hamburger **Po hauptkommissar Edgar** war da der Retter in der Über Funk suchte die Ein zentrale der Hamburger zei einen Kollegen, der dä spricht. Jost meldete sich Beamte raste ins Funkl

Mit Waffen im Anschlag „bedient“ sich eine Band immer wieder in Schmuckläden – 1984 erwischte es den Juwelier Ulrich Witte.

DER DREISTE COUP DER MILLIONEN-RÄUBER

Die Gangster trugen Anzug und Krawatte. Der Eimsbütteler Juwelier Ulrich Witte (30) ahnte nichts Böses, als zwei elegante Herren am 30. Oktober 1984 morgens um 9 Uhr in seinem Laden an der Ecke Osterstraße/Schulweg erschienen. Dann aber zogen die „Kunden“ Schusswaffen, erbeuteten Schmuck im Wert von einer Million Mark.

Ein Komplize der Räuber hatte sich bereits Tage vor dem Überfall in dem bekannten Geschäft einen Ring angesehen und dafür 200 Mark angezahlt. Offenbar hatte er dabei die Räumlichkeiten an der viel befahrenen Kreuzung ausbaldowert. Kurz nach Geschäftsöffnung kam er nun wieder in den Laden und gab vor, den Ring kaufen zu wollen.

Dann erschienen plötzlich seine beiden Komplizen im Anzug und zwangen die drei Verkäuferinnen mit vorgehaltenen Waffen, sich auf den Boden zu legen. Die Verbrecher fesselten die Frauen mit Handschellen, verklebten ihnen die Münder mit Leukoplast - und machten sich über den Inhalt von zwei Tresoren sowie über die Auslagen her. Luxusuhren, Goldketten und Brillantringe stopften sie in mitgebrachte Taschen.

Der Zeitpunkt des Coups war klug gewählt. Über Nacht befanden sich die Preziosen in großen Tresoren, die kaum zu knacken sind. Kurz nach 9 Uhr aber waren die Panzerschränke offen, weil die Verkäuferinnen die Ware gerade in die Auslagen der Schaufenster legen wollten.

Die Räuber hatten alles gut geplant, trotzdem hätte ihr Überfall beinahe nicht geklappt. Goldschmied Stephan B. (22) betrat das Geschäft, um mit der Arbeit anzufangen. Der Kampfsportler begriff den Ernst der Lage und schlug einem der Täter mit der Faust ins Gesicht. Doch der hämmerte ihm seine Pistole auf die Nase und hielt dem Goldschmied dann die Waffe in den Nacken.

Der Kripo sagte der 22-Jährige später: „Die Räuber waren ungeheuer nervös, ich hatte echt Angst, dass sie abdrücken.“ Das Trio entkam mit seiner fetten Beute trotz Großfahndung. Danach wollten sie noch mehr.

Ihre Gier wurde ihnen schließlich zum Verhängnis: Im Januar 1985 stürmten die drei Gangster die Ladenräume des Juweliers Wilkens am Neuen Jungfernstieg. Der löste aber sofort Alarm aus, die Polizei war schnell am Tatort. Die Beamten nahmen zwei Männer fest, sie stammten aus Südamerika - das Duo hatte eine großkalibrige Colt-Pistole und einen 38er-Revolver dabei. Ein dritter Mann konnte entkommen.

Bei den Ermittlungen der Kripo kam heraus, dass weitere Überfälle auf das Konto der Bande gingen. Bereits 1982 hatten die Täter beim Juwelier Schrader am Neuen Wall Beute im Wert von 600.000 Mark gemacht. 1984 war ein weiterer Juwelier an der Osterstraße betroffen. Im Geschäft Hanisch sackten die Verbrecher Schmuck für 100.000 Mark ein.

Immer schickten die Räuber vor dem Überfall einen „Pfadfinder“ in die Läden, der sich für ein Schmuckstück interessierte und sich dann unauffällig im Laden umsah.

1984 im Geschäft an der Osterstraße: Juwelier Ulrich Witte (30) steht neben dem ausgeplünderten Tresor.

Ein Mann will eine psychisch kranke Frau heiraten.

Als sein Amtsvormund das Gesuch ablehnte, drehte er durch.

MESSERANGRIFF IM SOZIALAMT

Heidi H. war Sachbearbeiterin im Sozialamt Mitte. Dieses befand sich vor vierzig Jahren noch in dem prächtigen Altbau Kaiser-Wilhelm-Straße 85. Dort in der Neustadt hatte 1984 die 31-Jährige darüber zu entscheiden, ob ein Flüchtling eine psychisch kranke und entmündigte Frau heiraten durfte. Sie sagte „Nein". Das war ihr Todesurteil.

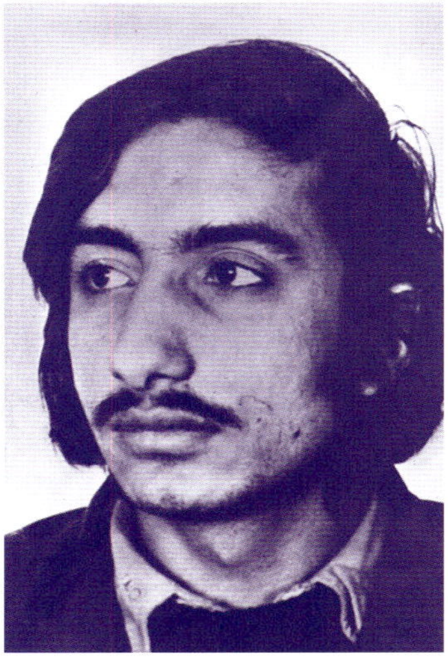

Ahmad K. (Name geändert) war 1983 aus Pakistan nach Hamburg gekommen und hatte hier einen Antrag auf Asyl gestellt. Der war abgelehnt worden, und Ahmad K. stellte einen weiteren Antrag. Gleichzeitig begann der 30-Jährige eine Beziehung mit einer jungen Frau. Die 21-Jährige war psychisch krank und stationär im Krankenhaus Ochsenzoll, heute Klinikum Nord, untergebracht. Wegen ihrer schweren Erkrankung war die Frau zudem entmündigt. Vormund war die Sozialamtsmitarbeiterin Heidi H. vom Amt für Rehabilitation.

Die erkrankte Frau bekam jedoch ein Kind von Ahmad K., der die junge Mutter heiraten wollte. Dafür benötigte er die Genehmigung des Amtsvormunds. Heidi H. aber lehnte wegen der Erkrankung der 21-Jährigen ab. Eine Richterin bestätigte diese Entscheidung.

Als Ahmad K. davon erfuhr, fuhr er am 19. Dezember 1984 nachmittags in das Sozialamt und stürmte in das Zimmer 327 der Sozialpädagogin. Er stach mit einem Messer auf die wehrlose Frau ein, traf sie in Herz, Lunge und Leber. Der Messerstecher entkam. Sein Opfer stammelte noch seinen Namen, brach dann bewusstlos zusammen. Zwanzig Stunden kämpften die Ärzte im Krankenhaus St. Georg um das Leben der Frau – vergeblich. Heidi H. starb. Sie war schwanger gewesen.

Einige Tage nach der Tat konnten Fahnder Ahmad K. im Nobistor-Hochhaus an der Reeperbahn stellen. Noch am selben Abend legte er ein umfassendes Geständnis ab. Im Juli 1985 stand Ahmad K. vor Gericht, sagte über die Tat: „Ich war nicht mehr Herr meiner Sinne." Am 1. August 1985 wurde der mittlerweile 32-Jährige wegen Totschlags zu sieben Jahren Haft verurteilt. Die Richter billigten ihm eine verminderte Schuldfähigkeit zu, weil er im Zustand „äußerster Erregung" zugestochen habe.

Der 32-jährige Täter Ahmad K. wurde zu sieben Jahren Haft verurteilt.

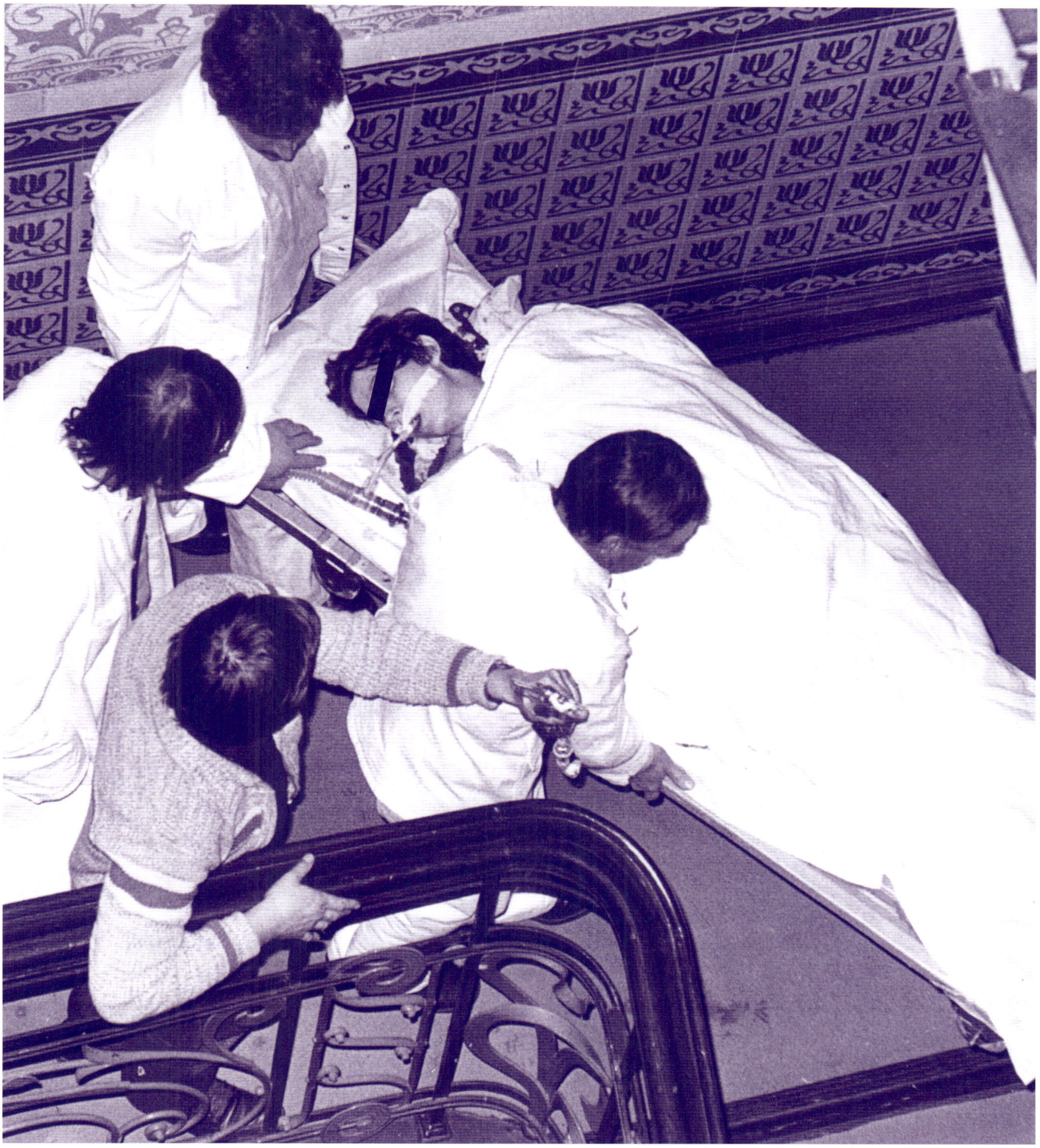

Feuerwehr-Sanitäter tragen das Opfer im Sozialamt Kaiser-Wilhelm-Straße zum Notarztwagen.

Mit einem Nachschlüssel gelangen Einbrecher in das Lager eines Teppichhändlers in der Speicherstadt. Und machten eine Millionenbeute.

DER TEPPICH-COUP AN WEIHNACHTEN

Kein Einbrecher hat es heutzutage noch auf Teppiche abgesehen. Die Täter suchen Bargeld, Schmuck, Goldbarren oder Rolex-Uhren, manchmal nehmen sie noch ein Smartphone mit. Doch vor fast vierzig Jahren war das ganz anders. Da hatten es Profieinbrecher ganz gezielt auf die edle Auslegeware abgesehen und machten Beute in Millionenhöhe.

Chemouel S. (46) war ein extrem vorsichtiger Mann. Sein Teppichlager in der Speicherstadt hatte er mit acht Stahltüren gesichert. Die Fenster waren vergittert, und eine Alarmanlage gab es auch. Die schaltete der Kaufmann am 21. Dezember 1984 scharf, nachdem er seine Angestellten in den Weihnachtsurlaub geschickt hatte.

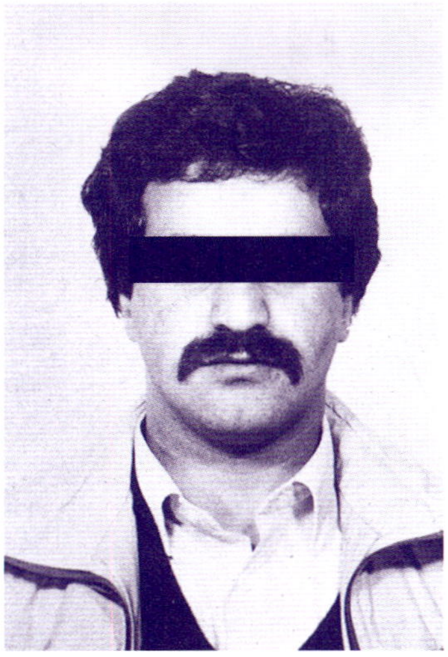

Drei Tage später, an Heiligabend, war sein Teppichlager ausgeräumt. 400 feinste Perserteppiche im Gesamtwert von zehn Millionen Mark waren verschwunden. Dabei handelte es sich meist um extrem wertvolle und mehr als einhundert Jahre alte Einzelstücke. Die Teppiche waren so exklusiv, dass der in Fachkreisen berühmte Hamburger Händler sogar ein Buch über sie schrieb. Hatten die Diebe das Buch gelesen und wollten sie gezielt die dort exakt beschriebenen Teppiche stehlen? Die alarmierte Kripo rekonstruierte den Coup.

Das Teppichlager von Chemouel S., der damals einer der größten europäischen Händler für antike Teppiche und Gobelins war, war von den Tätern offenbar tagelang ausgespäht worden. Als die Mitarbeiter dann in die Weihnachtsferien gingen, schlugen sie zu. Die Diebe hatten Nachschlüssel für die Stahltüren, und es gelang ihnen auch, die Alarmanlage rechtzeitig abzuschalten. Mit einem Laster fuhren die Männer an die Rampe des Teppichlagers und luden ihre Beute ein. Die damals noch von Zöllnern gesicherte Freihafeneinfahrt Brooktor passierten sie ohne Probleme.

Bitter für den bestohlenen Teppichhändler: Da die Täter Nachschlüssel hatten, zahlte die Versicherung nicht. Chemouel S. setzte 300.000 Mark Belohnung für die Wiederbeschaffung der Teppiche aus – ohne Erfolg.

Der Coup in der Speicherstadt war der größte Teppichklau in der Hamburger Kriminalgeschichte. Doch zwischen 1980 und 1984 hatte es weitere ähnliche Einbrüche, sogar im Alsterhaus am Jungfernstieg (Seite 58/59 in diesem Buch), gegeben.

So wurden im Juni 1980 aus einem Lager in Hohenfelde Teppiche im Wert von 6,5 Millionen Mark gestohlen. Darunter der in Fachkreisen weltberühmte „Kaiser-Wilhelm-Teppich". Auf dem Exemplar war der Monarch mit all seinen Söhnen lebensecht dargestellt. Unter etwas dubiosen Umständen tauchte der gestohlene Teppich 1981 wieder auf. Zwei Verdächtige wurden gefasst.

1983 konnte die Hamburger Kripo einen 29-jährigen Perser ermitteln, der für mehrere Einbrüche im Freihafen verantwortlich gewesen sein soll. Dabei erbeutete er zusammen mit Komplizen Teppiche im Wert von knapp sechs Millionen Mark.

Auch diese Bande verfügte über Nachschlüssel und hatte Insiderkenntnisse. In einem von dem 29-Jährigen angemieteten Kelleraum an der Großen Bergstraße in Altona entdeckte die Polizei gestohlene Teppiche im Wert von einer Million Mark. Der mutmaßliche Bandenchef aber konnte sich der Festnahme entziehen und sich vermutlich in den Iran absetzen.

Linke Seite: Dieser Mann stand 1983 im Verdacht, Boss einer Bande von Teppichdieben zu sein.

Rechts und unten: Kriminal-Hauptkommissar Mike Behrens zeigt im Polizeipräsidium am Berliner Tor gestohlene Teppiche, die er wiederbeschaffen konnte, unten den berühmten „Kaiser-Wilhelm-Teppich“, auf dem der Monarch und seine Söhne zu sehen sind.

Eine 55-Jährige wird in ihrem Tante-Emma-Laden an den Grindelhochhäusern überfallen – nicht die letzte Gewalttat des Täters.

FÜR 320 MARK MUSSTE INGE D. STERBEN

Das kleine Geschäft an der Brahmsallee 24 in Harvestehude war ein Tante-Emma-Laden wie aus dem Bilderbuch. Und Inge D. stand hinterm Tresen. Sie hatte für jeden einen lieben Schnack, und wer am Monatsende klamm war, der durfte anschreiben lassen. Am 12. April 1985 dann wurde die damals 55-Jährige Opfer eines Räubers. Der 23 Jahre alte Dieter Gurkasch prügelte die Frau nieder und sprang ihr mit Springerstiefeln an den Füßen auf den Kopf. Sie starb drei Wochen später im UKE. Der Täter erbeutete 320 Mark.

Karl-Heinz Köpcke war einer der vielen zufriedenen Kunden von Inge D., der legendäre Chefsprecher der „Tagesschau" moderierte die Nachrichtensendung von 1959 bis 1987. In dem Lädchen im Schatten der Grindelhochhäuser kaufte er jahrelang seinen Kaffee, gelegentlich auch ein belegtes Brötchen. Genau wie alle anderen Stammkunden war Köpcke 1983 geschockt, als er erfuhr, dass Inge D. Opfer eines Überfalls geworden war: Ein Räuber hatte sie mit einem Messer bedroht und Geld gefordert. Doch weil die Kauffrau damals laut um Hilfe geschrien hatte, war der Täter geflüchtet – unerkannt und ohne Beute.

Zwei Jahre später, am Freitag, dem 12. April 1985, geschah dann das Schreckliche: Die Mordkommission rekonstruierte anschließend, dass Inge D. noch gegen 16.30 Uhr beim nahen Bäcker telefonisch Brötchen bestellte. Nur Minuten später betrat Dieter Gurkasch den Tante-Emma-Laden. Er drohte mit einem Gasrevolver und forderte Geld. Was dann genau geschah, ist unklar. Schrie Inge D. um Hilfe? Brutal prügelte der Mann die 55-Jährige nieder. Dann stieg Dieter Gurkasch auf einen Absatz und sprang – mit schweren Stiefeln an den Füßen – auf den Kopf der Frau.

1986 sagte er vor dem Richter: „Ihr Gewimmer ging mir auf den Sack." Vor Gericht gab der Verbrecher den knallharten Gangster. Ein Kripomann schilderte, dass Gurkasch auch in der Vernehmung „absolut eiskalt" gewesen sei. Ein weiterer Zeuge bestätigte das. Der Täter dazu vor Gericht: „Wie er das so erzählt, bin ich ja ein schrecklich böser Junge." Der vom Gericht bestellte psychiatrische Gutachter ordnete das Verhalten des Totschlägers ein: „Er will durch sein Auftreten sein schwaches Ich übertünchen." Gurkasch hatte ihm gesagt, dass die Eltern ihn nie in den Arm genommen hätten. Weiter erklärte er, er habe in den Zügen der wimmernden Kauffrau seine Mutter wiedererkannt. Das Urteil: 13 Jahre Haft.

1988 sägte Gurkasch in „Santa Fu" ein Gitter durch und brach zusammen mit zwei weiteren Häftlingen aus. Schon nach 24 Stunden wurde er wieder gefasst, 1996 dann vorzeitig aus der Haft entlassen. Eine Strafvollstreckungskammer stellte fest: „Es ist nicht zu erwarten, dass Gurkasch weitere Straftaten begeht." Falsch! 1997 geriet er im U-Bahnhof Lutterothstraße mit einer Gruppe Jugendlicher in Streit. Er zog eine 16-schüssige Pistole vom Typ „Glock" und feuerte. Niemand wurde verletzt. Der 35-Jährige flüchtete.

Als die Polizei ihn schließlich noch in Eimsbüttel stellte, eröffnete Gurkasch mitten im Wohngebiet das Feuer. Kugeln schlugen in mehrere Wohnungen ein. Als das Magazin der „Glock" leer geschossen war, griff er noch zu einer mehrschüssigen Schrotflinte und feuerte weiter auf Polizisten. Die stoppten ihn schließlich durch einen Schuss in die Brust. Das Urteil: zwölf Jahre Haft. Ende 2011 kam er frei.

2012 äußerte sich der heute 59-Jährige gegenüber der MOPO zum Mord an Inge D.: „Das war monströs, ich war ein Monster." Gurkasch hatte im Knast Yoga gelernt und lehrt heute selber. Mit „Leben reloaded" hat der Ex-Häftling ein Buch geschrieben, im TV trat er als geläuteter Verbrecher auf. Im MOPO-Gespräch sagte er damals, er könne verstehen, wenn man ihm die Wandlung nicht abnehme. „Nach 25 Jahren Knast bin ich natürlich kein normaler Mensch. Aber ich habe meine Wut zu Trauer werden lassen. Ich werde nie mehr Straftaten begehen."

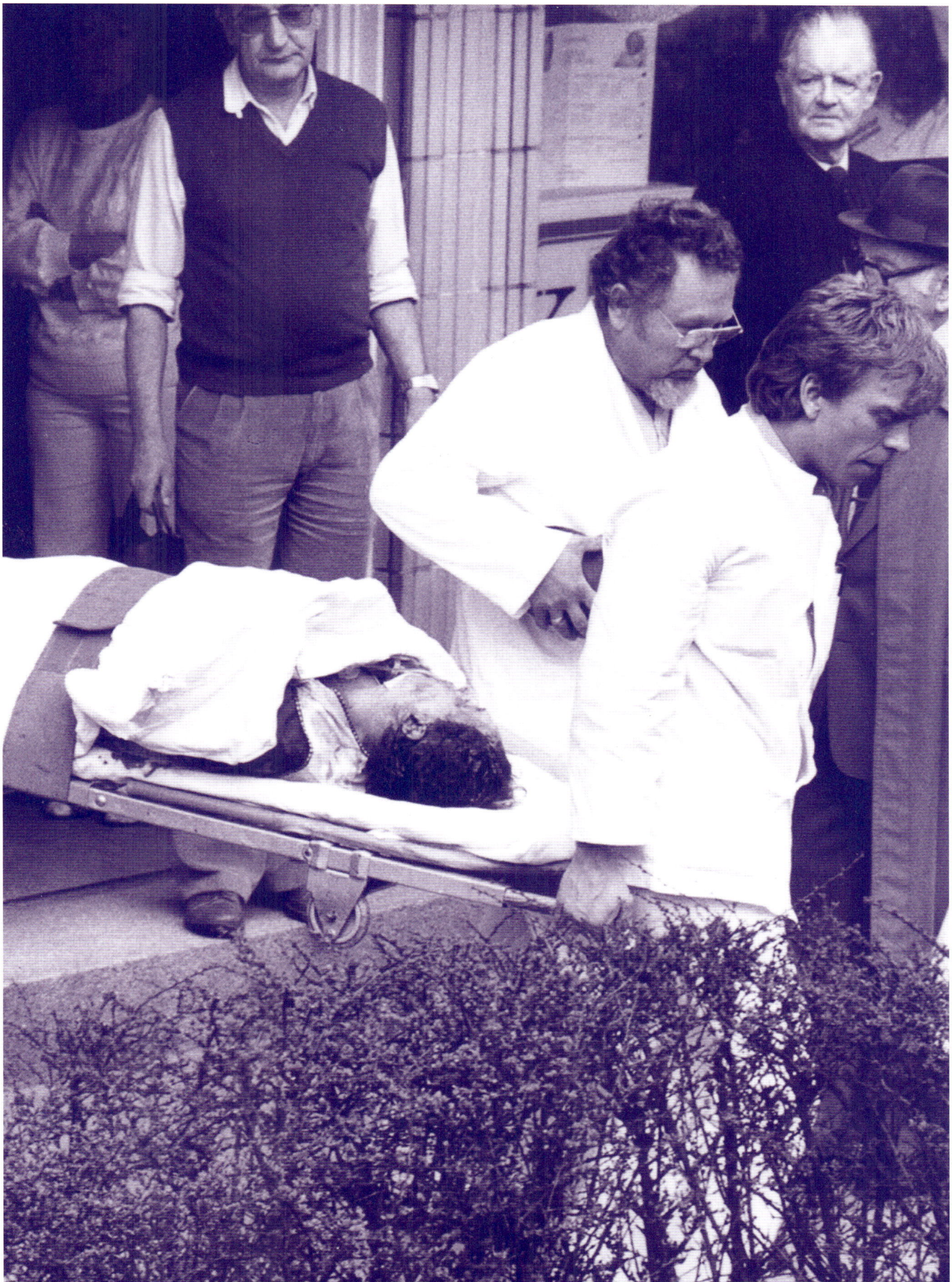

Die schwer verletzte Inge D. (55) wird zum Rettungswagen gebracht. Anwohner schauen betroffen zu.

Ein Portier wird in St. Georg niedergeschossen, eine junge Frau ermordet. Der Täter schien schnell gefunden zu sein.

EIN UNGESÜHNTER MORD

„Schönes Hotel", murmelte der Täter, dann schoss er den Portier des Hotels „Eden" in St. Georg nieder. Wenig später wird eine junge Frau an der Eiffestraße entführt, vergewaltigt und ermordet. Das war vor 38 Jahren. Schnell kann die Polizei damals einen Verdächtigen fassen, doch dann gibt es eine überraschende Wende.

Am 26. September 1985 hatte Hotelportier Otto B. abends noch mit Gästen gescherzt, ihnen Tipps für ihren Hamburg-Besuch gegeben und Geld gewechselt. Dann erscheint gegen 21 Uhr ein hagerer junger Mann im Foyer des Hotels unweit des Hauptbahnhofs. Der Täter zieht eine Pistole vom Kaliber 7,65 Millimeter und schießt dem Österreicher in den Bauch.

Das Geschoss zerfetzt die Milz, bleibt im Körper des Opfers stecken. Obwohl die Verletzung des Portiers lebensgefährlich ist, läuft er noch hinter dem Verbrecher her, ruft um Hilfe, verliert ihn aber aus den Augen. Dann geht Otto B. zurück ins Hotel und ruft erst mal seinen Chef an: „Ich bin überfallen worden, hab einen Bauchschuss!" Doch dann bricht der 55-Jährige zusammen. Per Notarztwagen kommt der Portier ins Krankenhaus St. Georg.

Noch während in St. Georg die Fahndung nach dem Schützen läuft, verlässt gegen 21.30 Uhr Karin S. die Wohnung ihrer 23-jährigen Schwester an der Eiffestraße in Hamm. Die hatte die 21-Jährige aufgefordert, doch noch zu bleiben. Doch Karin S. war frisch verliebt, wollte heim zu ihrem Freund in Barsbüttel. Als sie gerade an der Eiffestraße ihren blauen Opel Manta besteigen will, wird sie von einem jungen Mann mit einer Pistole bedroht. Er zwingt Karin S., mit dem Auto nach Harburg zu fahren.

Gegen 22.30 Uhr missbraucht und tötet der Entführer die junge Frau an der Bundesstraße 3 bei Rade (Landkreis Harburg) mit drei Schüssen. Erst am nächsten Morgen wird die Leiche entdeckt. Der Mörder fährt mit dem Opel Manta seines Opfers nach Ottensen und stellt ihn an der Lisztstraße ab. Zunächst wird kein Zusammenhang zwischen den beiden Verbrechen gesehen. Doch dann ergibt die Untersuchung der Kriminaltechniker, dass beides Male mit derselben 7,65er-Pistole geschossen worden war.

Am 16. Oktober 1985 nimmt die Polizei den 21-jährigen Karl N. (Name geändert) in seiner Wohnung in Hamm fest. Die Beamten hatten einen Tipp bekommen. Der Gehörlose steht damals im Verdacht, zusammen mit seinem Bruder (27) und drei weiteren Männern Einbrüche begangen zu haben. Ihr Treffpunkt ist ein Heim für Gehörlose in Ottensen.

In der Hammer Wohnung des 21-Jährigen entdeckt die Polizei Diebesgut und eine scharfe Pistole – die Tatwaffe! Der Verdächtige macht keine Aussage.

Dafür redet er im Juni 1986 umso mehr. Mord, Mordversuch und Vergewaltigung werden ihm vorgeworfen. Karl N. beteuert vor der Schwurgerichtskammer: „Ich könnte keinen Menschen überfallen, keinem Menschen wehtun." Der Angeklagte spricht sehr undeutlich, eine Dolmetscherin für Gebärdensprache übersetzt jeden Satz von ihm.

Zeugenaussagen und ein Fingerabdruck im Opel Manta des Opfers belasten den 21-Jährigen schwer. Doch der beteuert, dass er zu den Tatzeiten mit zwei Freunden in seiner Wohnung den Film „Terminator" mit Arnold Schwarzenegger angeschaut hätte.

Dann belastet Karl N. seinen Bruder. Tatsächlich erkennt der niedergeschossene Hotelportier bei einer erneuten Gegenüberstellung während des Prozesses dann auch den älteren Bruder und nicht den Angeklagten als Täter wieder. Bekannte des Angeklagten wiederum belasten Karl N.

Trotz der eher diffusen Beweis- und Indizienlage fordert die Staatsanwältin lebenslange Haft für den Angeklagten. Doch am 10. Juli 1986 wird Karl N. freigesprochen. Der

Vorsitzende Richter Jürgen Schenck sagt: „Es langte einfach nicht. Auch eine Gesamtschau der sehr dürftigen Indizien kann uns nicht zur Überzeugung bringen, dass der Angeklagte der Täter ist." Der Richter äußert sein Bedauern darüber, dass der Mord an einer jungen Frau nun ungesühnt bleibe, und ergänzt: „Aber die Verurteilung eines nur Tatverdächtigen bedeutet neues Unrecht." Karl N. fällt seinen beiden Verteidigern in die Arme.

Er verlässt den Gerichtssaal als freier Mann.

Die Leiche von Karin S. (linke Seite) wurde an der Bundesstraße 3 bei Rade entdeckt.

Rechts: Mit diesem Phantombild fahndete die Polizei nach dem Täter.

Unten: Der angeschossene Portier wird zum Notarztwagen gebracht.

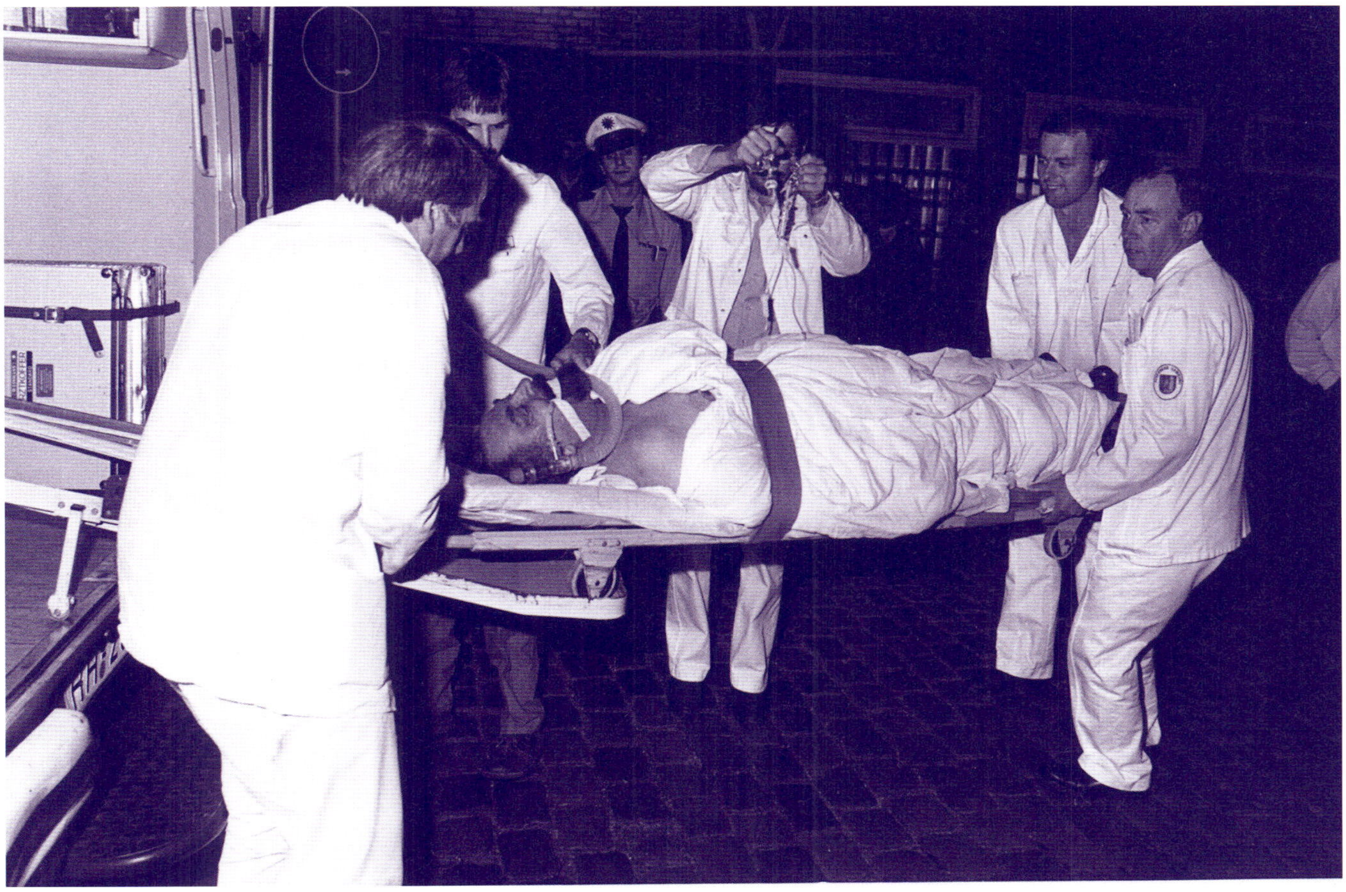

POLITISCHER MORD IN ST. GEORG

Der Killer hatte einen langen Atem. Wochenlang trieb er sich im Februar 1986 an der Stiftstraße in St. Georg herum, kaufte mehrfach „Jägermeister“ in einem Kiosk. Hier, unweit des Krankenhauses St. Georg, lebte Kürsat Timuroglu. Am 25. Februar schoss der schmächtige Täter vor dem Kiosk dreimal auf den arglosen Sozialarbeiter. Der 32-Jährige starb zwei Tage später im Krankenhaus. Erst 16 Jahre später konnte der Mörder vor Gericht gestellt werden.

Der Täter, Ferit A. (22), saß im Café Benver und bestellte gerade seinen zweiten Kaffee, als Kürsat Timuroglu kurz nach 11 Uhr auf der Stiftstraße vorbeikam. Der junge Türke stürmte aus dem Café, zog eine Pistole vom Kaliber 7,65 Millimeter und schoss zweimal auf den Landsmann. Der Schwerverletzte wankte noch zum nahen Kiosk Stiftstraße 18. Im Eingang schoss der Killer seinem Opfer in den Kopf.

Der Täter entkam. Notarzt und Sanitäter waren schnell vor Ort und versuchten, das Leben von Kürsat Timuroglu zu retten. Das gelang zunächst auch. Doch zwei Tage später erlag der Mann im Krankenhaus St. Georg seinen schweren Schussverletzungen.

Das Opfer war Anhänger der linksradikalen Partei „Devrimci Yol“ („Revolutionärer Weg“). 1975 wurde er angeblich bei einer bewaffneten Auseinandersetzung mit türkischen Rechtsradikalen angeschossen und kam in Haft. Nach der Entlassung aus dem Gefängnis flüchtete Timuroglu 1976 nach Deutschland. Hier arbeitete er als Sozialarbeiter engagiert mit türkischen Jugendlichen. Erst wenige Monate vor dem Mord hatte der Vater zweier Kinder die deutsche Staatsangehörigkeit beantragt.

Am 8. März trafen sich mittags in St. Georg mehr als 2500 Menschen zu einem Trauermarsch für den Ermordeten. Die Teilnehmer zogen zum Tatort Stiftstraße. Dort sprach die Witwe und zitierte Worte ihres getöteten Mannes, die zur Verständigung aufriefen: „Ich brauche nicht wie du zu sein. Du brauchst nicht wie ich zu sein, aber ich und du können wir sein.“ Mit einem Autokorso wurde der Sarg Kürsat Timuroglus zum Flughafen begleitet. Der aus seiner Heimat nach Hamburg geflüchtete 32-Jährige wurde in der türkischen Hauptstadt Ankara beigesetzt. Die Grün-Alternative Liste Hamburg schaltete große Anzeigen in Tageszeitungen: „Wir trauern um einen politischen Freund, der Opfer eines heimtückischen Mordes geworden ist.“

Die Hamburger Mordkommission ging sofort davon aus, dass der Täter politische Motive hatte. Und genau so war es. Im September 2001 kann der Mörder nach Hinweisen von ehemaligen Mitgliedern der radikalen kurdischen Arbeiterpartei PKK bei der Einreise in Kroatien verhaftet werden. Ferit A. war Mitglied der PKK und Angehöriger des Bereichs „Parteisicherheit“. Aus dieser extrem radikalen Gruppe heraus wurden zwischen 1984 und 1987 unter anderem in Paris, Lausanne, Kopenhagen, Rüsselsheim und in Schweden „Abweichler“ von der Parteilinie und Gegner der PKK von Killerkommandos ermordet. Liquidiert wurde aber auch, wer es nur wagte, den PKK-Generalsekretär Abdullah Öcalan öffentlich zu kritisieren. Das hatte Kürsat Timuroglu mehrfach getan.

Beim Prozess im November 2001 vor dem Staatsschutzsenat des Hamburger Oberlandesgerichts trat seine Witwe als Nebenklägerin auf. Richter Albrecht Mentz stellte beim Urteil eindeutig fest: „Die Tat geschah aufgrund eines Auftrags der PKK-Führung.“ Das hatte der Angeklagte auch während des Verfahrens eingeräumt und erklärt, er habe sich aber inzwischen von den Zielen der PKK abgewendet. Das Urteil: lebenslänglich. Was aus dem Killer wurde, ist unklar. Vermutlich wurde er wegen seines Geständnisses nach Verbüßung von 15 Jahren Haft freigelassen und ist in die Türkei zurückgekehrt.

Linke Seite: Kürsat Timuroglu wurde 1953 in der Türkei geboren und am 25. Februar 1986 in Hamburg ermordet.

Rechts: „Wer kennt diesen Mann?" Für die Ergreifung des Killers, von dem die Polizei nur über eine Videoaufnahme verfügte, wurden 10 000 D-Mark Belohnung ausgesetzt.

Unten: Beamte der Mordkommission sprechen mit Reza R. (im Pulli), dem Shop-Besitzer, vor dessen Kiosk die Tat geschah.

Mit einer Maschinenpistole stürmen zwei Männer eine illegale Spielhölle an der Schilleroper. Nach der Tat ergriffen auch die Opfer die Flucht.

PUDELMÜTZEN-GANGSTER ZOCKEN ZOCKER AB

Von der Schilleroper auf St. Pauli ist nicht viel mehr als ein dürres Stahlgerippe geblieben. Die nicht unter Denkmalschutz stehende Randbebauung des alten Theaters wurde beseitigt. Genau hier befand sich einmal eine dubiose italienische Kneipe, und in diese „Zockerhöhle" stürmten vor 35 Jahren Gangster, die eine Maschinenpistole auf die Gäste richteten.

Die Gäste, die am 28. Februar um 4.15 Uhr noch im Lokal „Neue Schilleroper" saßen, hatten kein Interesse an Pizza oder Pasta. Sie wollten nur eines: zocken. Etwa zwanzig Männer saßen in einem großen Nebenraum zwischen Billardtischen und gaben sich dem illegalen Glücksspiel hin. Hier wurde nicht um Chips gespielt, sondern um hohe Bargeldsummen.

Gastwirt Raffaele C. (38) dagegen erklärte später am Tatort den MOPO-Reportern treuherzig: „Meine Gäste spielten Rommé und italienische Kartenspiele." Plötzlich jedenfalls standen zwei mit Pudelmützen maskierte Männer in dem verrauchten Hinterzimmer und riefen: „Überfall! Geld her! Schnell, schnell!" Mit der vorgehaltenen Maschinenpistole wurden die Spieler zunächst gezwungen, sich mit erhobenen Händen an die Wand zu stellen. Dann mussten sie sich auf den Boden hocken und hilflos mitansehen, wie ihr „Spielgeld" in den Taschen der Gangster verschwand.

Doch damit nicht genug: Die schwer bewaffneten Täter nötigten ihre Opfer schließlich, einzeln vorzutreten, ihre Geldbörse auszuleeren und Uhren und Schmuck herauszugeben. Zusätzlich wurden die Zocker von den gründlichen Tätern noch durchsucht. Dabei löste sich ein Schuss aus der Maschinenpistole, durchschlug den Arm eines Gastes und blieb schließlich in der Wand stecken.

Die Täter rissen vor ihrer Flucht noch die Telefonkabel aus der Wand und rannten auf die Straße. Sie entkamen mit ihrer Beute, die einen Gesamtwert von etwa 50.000 Mark hatte.

Einige der überfallenen Gäste liefen unmittelbar nach der Tat zum nahen Taxistand am Neuen Pferdemarkt und ließen die Fahrer die Polizei alarmieren. Mehrere Streifenwagen rasten daraufhin mit Blaulicht zur Schilleroper. Auf der Einsatzfahrt kamen ihnen in schneller Fahrt ein Mercedes 280 SE und ein weißer 7er-BMW entgegen. Beide Limousinen konnten an der Reeperbahn gestoppt werden. Die Insassen blickten in die Läufe der Dienstpistolen der Beamten und hoben die Arme. Doch es handelte sich keineswegs um die Räuber, sondern um einige geflüchtete Opfer. Da die Zockerrunde in der Italo-Kneipe illegal war, wollten die Männer sich noch vor dem Eintreffen der Polizei am Tatort aus dem Staub machen.

Illegales Glücksspiel war in den 80er und 90er Jahren ein großes Thema in Hamburg. Im Jahr 1980 war an der Poolstraße in der Neustadt schon einmal eine zwanzigköpfige Zockerrunde auf ähnliche Weise ausgeplündert worden. Im Hinterzimmer des Lokals „Zum Bienenhaus" machten damals vier mit einer Maschinenpistole und Revolvern bewaffnete Täter Beute im Wert von 140.000 Mark.

Rechts: Den Anbau am alten Theater, in dem sich das Lokal „Neue Schilleroper" befand, gibt es heute nicht mehr.

Gastwirt Raffaele C. (38) nach dem Überfall

Eine Studentin wird im Schanzenpark stranguliert und stirbt.

Bis zur Verurteilung des Täters vergingen 19 Jahre.

DIE LANGE JAGD NACH HELGAS MÖRDER

Es war eine fröhliche, durchtanzte Nacht auf dem Kiez. Am Sonnabend, dem 8. März 1986, zog die englische Austauschstudentin Helga Roberts zusammen mit Kollegen los. Im Club „Große Freiheit 36“ tanzte die ausgelassene Gruppe zur Livemusik der Gruppe Queen Yahna. Erst am frühen Sonntagmorgen machte sich die 22-Jährige auf den Heimweg – und der führte am Sternschanzenpark vorbei. Dort traf sie auf ihren Mörder.

Die junge Frau hatte sich auf St. Pauli von ihren Freunden getrennt, war an den Landungsbrücken in die U3 gestiegen und bis zur Haltestelle Sternschanze gefahren. Um 6.29 Uhr verließ sie den Bahnhof. Es herrschte dichtes Schneetreiben, als die junge Frau auf dem einsamen Weg am Schanzenpark entlang der Bahnstrecke ging. Sie wollte möglichst schnell nach Hause. Ihre Wohnung war an der nahen Rentzelstraße, unweit des Fernsehturms. Doch dort kam die 22-Jährige nie an. In Höhe der Kita im ehemaligen „Norweger-Heim“ (heute das Kulturhaus „Schrødingers“) wurde sie von einem Mann angegriffen.

Helga Roberts wehrte sich verzweifelt, kratzte, biss und schlug den Angreifer. Doch der war stärker und schleifte sie in den Kellereingang des Holzhauses. Dort riss er ihr die Kleider vom Leib, fesselte sie mit einem Schal und einer Krawatte und vergewaltigte sie. Schließlich zerrte er die 22-Jährige durch ein Fenster in den Waschraum des Hauses und strangulierte sie mit einem Halstuch mit Leopardenmuster bis zur Bewusstlosigkeit. Dann flüchtete er.

Es war 7.11 Uhr, als die Alarmanlage losging. Alarmierte Polizisten fanden das leblose Opfer im Waschraum. Der Notarzt der Feuerwehr konnte Helga Roberts zunächst wiederbeleben. Doch 23 Stunden später starb sie im Krankenhaus St. Georg.

Die ganze Stadt nahm Anteil an Helga Roberts' Schicksal. Die Britin war aus Cambridge an die Elbe gekommen und unterrichtete wöchentlich zwölf Stunden Englisch am Helene-Lange-Gymnasium an der Bogenstraße in Harvestehude. Im Sommer wollte die angehende Lehrerin zurück nach England.

Einen Tag nach dem Mord zogen 600 Frauen in einem spontanen Fackelzug zum Tatort und weiter in die Schanze. Die Frauen skandierten: „Aus Trauer wird Hass. Aus Hass wird Wut. Zerschlagen wir die Männerbrut.“ Die Wut traf dann am Schulterblatt mehrere angetrunkene Männer, die aus Kneipen kamen und den Fackelzug neugierig betrachteten. Der 22-jährige arbeitslose Maurer Dirk G. damals zur MOPO: „Ich hatte ‚Bravo‘ gerufen, dann stürzten sich sechs Frauen auf mich. Ich rannte wie noch nie in meinem Leben.“ Sein Kumpel Peter M. (22) war nicht schnell genug. Er kam mit Nasenbeinbruch, Prellungen und weiteren Verletzungen in eine Klinik.

Die Mordkommission versuchte alles, den Mörder zu fassen, die Ermittler wandten sich mehrfach an die Öffentlichkeit, doch niemand konnte Hinweise auf einen möglichen Täter geben. Erst 17 Jahre später gelang es, einen Verdächtigen zu ermitteln. Die Spurensicherung hatte 1986 am Tatort und an der Leiche wichtige Spuren sichern können. So wurden Hautpartikel unter den Fingernägeln der Ermordeten entdeckt. 2003 gab es bei einem DNA-Routineabgleich ungelöster Fälle durch das BKA einen Treffer. Der führte zu dem 39-jährigen Uwe H. Der Mann saß als psychisch kranker und gefährlicher Rechtsbrecher seit 1998 im geschlossenen Haus 18 der Klinik Ochsenzoll. Er war unter anderem wegen Kindesmissbrauchs verurteilt worden.

Hamburger Ermittler suchten den Mann in der Klinik auf, seine Hände zitterten, als er mit dem Mordvorwurf konfrontiert wurde. Doch er stritt alles ab.

2005 kam es zum Prozess gegen Uwe H. Er schwieg zu den Vorwürfen, wollte sich an den Tattag nicht erinnern können. Ein Gutachter bescheinigte dem Angeklagten schwere sexuelle Störungen und eine „unterdurchschnittliche Intelligenz“. Dem Psychiater gegenüber hatte Uwe

H. eingeräumt, Fantasien gehabt zu haben, bei denen er Menschen vergewaltigt und ermordet. Zudem hatte er dem Gutachter gegenüber erklärt, er sei im März 1986 frustriert und wütend gewesen, weil Familienangehörige ihn als „Schwachkopf" und „Spasti" beschimpft hätten. Er sei daraufhin im Sternschanzenpark „herumgestreunt".

Aufgrund des Gutachtens erkannten die Richter auf eine erheblich verminderte Schuldfähigkeit. Das Urteil fiel am 13. Dezember 2005: Achteinhalb Jahre Haft, zusätzlich ordneten die Richter die weitere Unterbringung in der geschlossenen Psychiatrie auf unbestimmte Zeit an. Der Vorsitzende Richter Claus Rabe stellte fest: „Der Angeklagte ist eine Gefahr für die Allgemeinheit." Uwe H. (57) befindet sich bis heute in der geschlossenen Abteilung der Asklepios Klinik Nord Ochsenzoll.

Während des Verfahrens kam ein grauhaariger Mann an jedem Verhandlungstag ins Gericht. Es war Geoffrey Roberts, der Vater des Opfers. Nach dem Urteil sagte er: „Jetzt hat Helga endlich Gerechtigkeit erhalten." 19 Jahre nach ihrem Tod im Schanzenpark.

Unten: Das „Norweger-Heim", das heute ein Stadtteil-Kulturhaus beherbergt. Im Waschraum (oben) wurde die leblose Studentin von Polizisten gefunden.

Ein junger Mann findet nachts eine Metallbox. Kurz nachdem er sie in einer Kneipe geöffnet hatte, starb er durch eine Explosion.

DAS RÄTSEL UM DIE GELDKASSETTENBOMBE

In den 80er Jahren gab es an der Eimsbütteler Chaussee eine urige Pinte mit dem Namen „Colony". Das Motto des Wirts war: „Die Kneipe für witzige und tolerante Leute". Und genau hier kam es am 14. Mai 1986 zu einer Bombenexplosion, die einen 23-Jährigen das Leben kostete. Bis heute ist dieses rätselhafte Verbrechen nicht aufgeklärt worden.

Rolf B. war gegen Mitternacht in das Lokal gekommen. Der junge Schuhmacher aus Braunschweig, der gerade seinen Wehrdienst bei der Marine in Cuxhaven ableistete, war in dieser Nacht gut drauf. Er hatte Urlaub, trank ein paar Bier und scherzte mit Wirt Norbert S. (31). Gegen drei Uhr verließ der 23-Jährige die kleine Gaststätte. Eine Stunde später kehrte er zurück. In der Hand hielt er eine Plastiktüte, in der sich eine Metallkassette befand. Der Wirt hatte die Kneipe schon geschlossen, wollte mit dem Taxi nach Hause fahren. Doch der 23-Jährige sagte: „Komm, mach noch mal auf, vielleicht ist ein Schatz in der Kassette."

Der Wirt gab nach und zapfte dem letzten Gast noch ein Bier. Währenddessen setzte sich Rolf B. auf einen Barhocker und nahm neugierig die grüne Kassette der Marke „Burgwächter" aus der Plastiktüte.

Der 23-Jährige hantierte an der Kassette und sagte plötzlich: „Ich hab sie auf!" Nun wurde auch der Wirt neugierig und schaute Rolf B. über die Schulter. In diesem Moment erschütterte eine Detonation die Eimsbütteler Chaussee. In der Kassette hatten sich zwei Rohrbomben befunden, eine war bei der Öffnung explodiert. Rolf B. erlitt schwerste Kopfverletzungen und starb noch im Lokal. Der Wirt überlebte mit schweren Gesichts- und Augenverletzungen, musste im UKE operiert werden. Da die Tür des Lokals noch offen war, fegte die Druckwelle nach draußen auf die Straße. Im Lokal wurden lediglich ein paar Barhocker umgeworfen.

Die Mutter des getöteten jungen Mannes sagte damals zur MOPO: „Am Muttertag hat er mich hier in Eimsbüttel besucht und vorgestern noch angerufen. Rolf war immer so fröhlich und voller Lebenslust." Die Frau ging davon aus, dass ihr Sohn rein zufällig Opfer geworden sei. Die 51-Jährige: „Was geht in Menschen vor, die einfach irgendwo Bomben hinstellen? Die Hände mögen ihnen abfallen!" Sechs Kinder hatte Ursula B. großgezogen, Rolf war ihr Jüngster gewesen.

Die Kripo ermittelte über Wochen, bat um Zeugenhinweise. Doch niemand meldete sich. Es ist bis heute unklar, wo Rolf B. die Kassette mit den Bomben gefunden hatte. Damals hatte es in verschiedenen Stadtteilen Explosionen von etwa zwanzig Zentimeter großen Rohrbomben gegeben. Diese waren mit selbst gemischtem Sprengstoff gefüllt. Unbekannte hatten damit Telefonzellen oder Briefkästen gesprengt. Stammte die Kassette mit den beiden Bomben von solchen Tätern? Die Kripo fand es nie heraus, und die Akte musste schließlich als „ungeklärt" abgelegt werden.

Das „Colony" ist seit langem dicht, die Räume werden heute vom benachbarten Edeka-Markt genutzt.

Blick in die Kneipe „Colony" nach der Detonation. Der Schaden im Lokal blieb gering, weil die Druckwelle durch die geöffnete Tür entwich.

tango

TÖDLICHER REVIERSTREIT

„Mörder! Mörder", schrie Rita Pereira am Grab ihres Sohns, dann brach sie zusammen und musste mit einem Rettungswagen in eine Klinik gebracht werden. Am 22. Mai 1986 wurde Orlandino „Dino" Pereira auf dem Friedhof Diebsteich beerdigt. Der 23-jährige Zuhälter war in Altona mit Baseballkeulen zu Tode geprügelt worden.

Zehn Tage zuvor, kurz vor Mitternacht, hörte Rita Pereira vor ihrer Haustür an der Hospitalstraße einen erstickten Schrei. Sie lief auf die Straße und fand ihren Sohn neben seinem Mercedes 280 in einer Blutlache. Die alarmierte Notärztin konnte nur noch den Tod des 23-Jährigen feststellen.

Zeugin Veronika A. damals zur Polizei: „Ich habe gesehen, wie zwei Männer mit ungeheurer Wucht und unheimlich oft auf Kopf und Körper des Opfers eingeschlagen haben." Der Mordkommission war schnell klar, dass die Täter im Rotlichtmilieu zu suchen waren.

Der junge Kampfsportler mit portugiesischen Wurzeln war ein führendes Mitglied der Jugendgang „Streetboys" gewesen. Diese schlagkräftige Gruppe hatte sich ab 1984 auf dem Kiez breitgemacht und die etablierten Zuhälter-Gruppen „GMBH" und „Nutella" teilweise verdrängt. Für Dino Pereira schafften drei Mädchen an, und der Jungzuhälter verdiente gut an der Ausbeutung der Frauen.

Ende 1985 landete Pereira wegen Zuhälterei für fünf Monate im Knast. Seine Mutter nach dem Mord an ihrem Jungen zur MOPO: „Die, die ihn anzeigten, waren sauer, weil Dino so gut verdiente. Mein Sohn war ein guter Junge. Äußerlich wirkte er hart, aber innerlich war er ganz weich."

Nach der Haftentlassung im März 1986 schafften die Frauen mittlerweile für andere „Streetboys" an, also Männer, die Dino Pereira für seine Kumpels gehalten hatte. Der 23 Jahre alte Zuhälter reagierte wütend. Es kam zu Schlägereien. Der Konflikt war Tagesgespräch auf St. Pauli, und schnell gerieten die Brüder E. bei den Mordermittlungen ins Visier der Kripo. Stefan E. (23) war ein ehemaliger „Popper", der zum Chef der „Streetboys" aufgestiegen war.

Ein Richter erließ Haftbefehl. Stefan E., von seinen Gang-Kumpanen nur „Professor" genannt, wurde in Eppendorf gefasst, sein Bruder Martin (21) auf dem Kiez verhaftet. Beide Verdächtigen schwiegen vor der Mordkommission. Eine Taktik, die sie im Januar 1987 auch vor Gericht beibehielten. Doch den Richtern am Hamburger Landgericht reichte im Fall von Stefan E. die Indizienkette der Staatsanwaltschaft. Der „Streetboys"-Chef wurde zu zwölf Jahren Haft wegen Totschlags verurteilt. Er saß in Santa Fu ein, wo er sich 1990 an einer Häftlingsrevolte beteiligte.

1996 kam er trotzdem wegen „guter Führung" vorzeitig raus und geriet wieder in Verdacht, einen Menschen getötet zu haben: Im Oktober 1996 war bei einem Überfall auf einen Juwelier am Gänsemarkt ein 38-Jähriger erschossen worden. Die Kripo hielt Stefan E. für den Täter. Doch den Richtern langten 1997 die Beweise nicht. Stefan E. wurde freigesprochen.

Linke Seite: Orlandino „Dino“ Pereira „verdiente“ als Zuhälter monatlich teilweise mehr als 10.000 D-Mark.
Oben: Trauer am Grab – die Freundin des Ermordeten muss von zwei Begleiterinnen gestützt werden.

Eine Überwachungskamera zeichnet einen Raubüberfall von beispielloser Brutalität auf. Die Täter konnten trotzdem nie ermittelt werden.

GANGSTER SCHIESSEN GELDBOTEN IN DEN BAUCH

Die beiden Gangster schießen den Geldboten nieder, zerren am schwer verletzten Opfer, um an den Geldsack zu kommen und flüchten schließlich mit 280.000 Mark. Auch 35 Jahre nach diesem Überfall am Hofweg (Uhlenhorst) wird jeder entsetzt sein, der die Bilder einer Überwachungskamera betrachtet. Was für eine Brutalität!

Am 30. Mai 1986 um 9.58 Uhr stoppt der weiße gepanzerte Geldtransporter der Firma „Purolator" vor der Deutschen Bank im Hofweg 70. Zwei bewaffnete Boten bleiben im Fahrzeug zurück. Sie dürfen es unter keinen Umständen verlassen, so ist die Vorschrift. Aus gutem Grund: Diverse Hamburger Geldinstitute werden täglich mit Bargeld versorgt, und in den Autos befinden sich oft mehr als fünf Millionen Mark.

Ronald Sch. ist der dritte Mann bei diesem Transport. Der 25-Jährige, der mit einem Revolver bewaffnet ist, nimmt sich einen Geldsack und verlässt den Transporter. Er betritt die Bank und trifft im Windfang auf zwei Männer in grauen Anzügen. Sie rempeln den Boten an und schießen sofort. Das Opfer kann sich nicht mehr wehren, bricht mit einem Bauchschuss zusammen.

Das ist der Moment, in dem die Mitarbeiter der Bank aufmerksam werden. Der Kassierer schaltet die automatische Überwachungskamera an. Ab jetzt dokumentiert das Gerät die unglaubliche Brutalität der Gangster.

Während sich das Opfer vor Schmerzen auf dem Boden krümmt, zerren die beiden Männer rücksichtslos an dem Schwerverletzten herum. Der Geldsack ist nämlich mit einer Kette am Gürtel des Geldboten befestigt. Einer der Täter hält dem Opfer erneut den Revolver vor den Bauch, fordert ihn auf, die Kette zu lösen. Doch der Verletzte kann gar nicht mehr reagieren, stöhnt vor Schmerzen.

Schließlich können die beiden Räuber den Gürtel öffnen und den Sack mit dem Geld rauben. Das Duo hastet aus der Deutschen Bank. Sekunden später rennt einer der abgebrühten Verbrecher noch mal zurück und steckt den 38er Smith & Wesson-Revolver des angeschossenen Geldboten ein.

Vor der Bank steht ein Ford Granada mit einem Komplizen am Steuer. Mit quietschenden Reifen rasen die drei

Gangster davon. Die alarmierte Polizei leitet eine Großfahndung ein. 45 Minuten nach dem Überfall entdecken Beamte den Ford in einem Hinterhof am Erlenkamp in Uhlenhorst. Mit Maschinenpistolen im Anschlag nähern sich Polizeibeamte vorsichtig dem Auto. Darin befindet sich nur noch der aufgeschnittene Geldsack, die Täter sind längst entkommen.

Währenddessen kämpft der Notarzt in der Bank um das Leben des angeschossenen Geldboten. Dem Arzt gelingt es, den Zustand des Mannes zu stabilisieren. Er kommt in eine Klinik und wird sofort operiert. Ronald Sch. überlebt.

Die drei Gangster waren in den 80er Jahren vermutlich für weitere brutale Überfälle verantwortlich, machten Beute in Millionenhöhe. Die Männer, die sich heute im Rentenalter befinden dürften, konnten niemals ermittelt werden.

Linke Seite: Bilder aus der Überwachungskamera

Rechts: Ein Polizist mit Maschinenpistole sichert den aufgefundenen Fluchtwagen.

Unten: Der angeschossene Geldbote wird zum Rettungswagen gebracht.

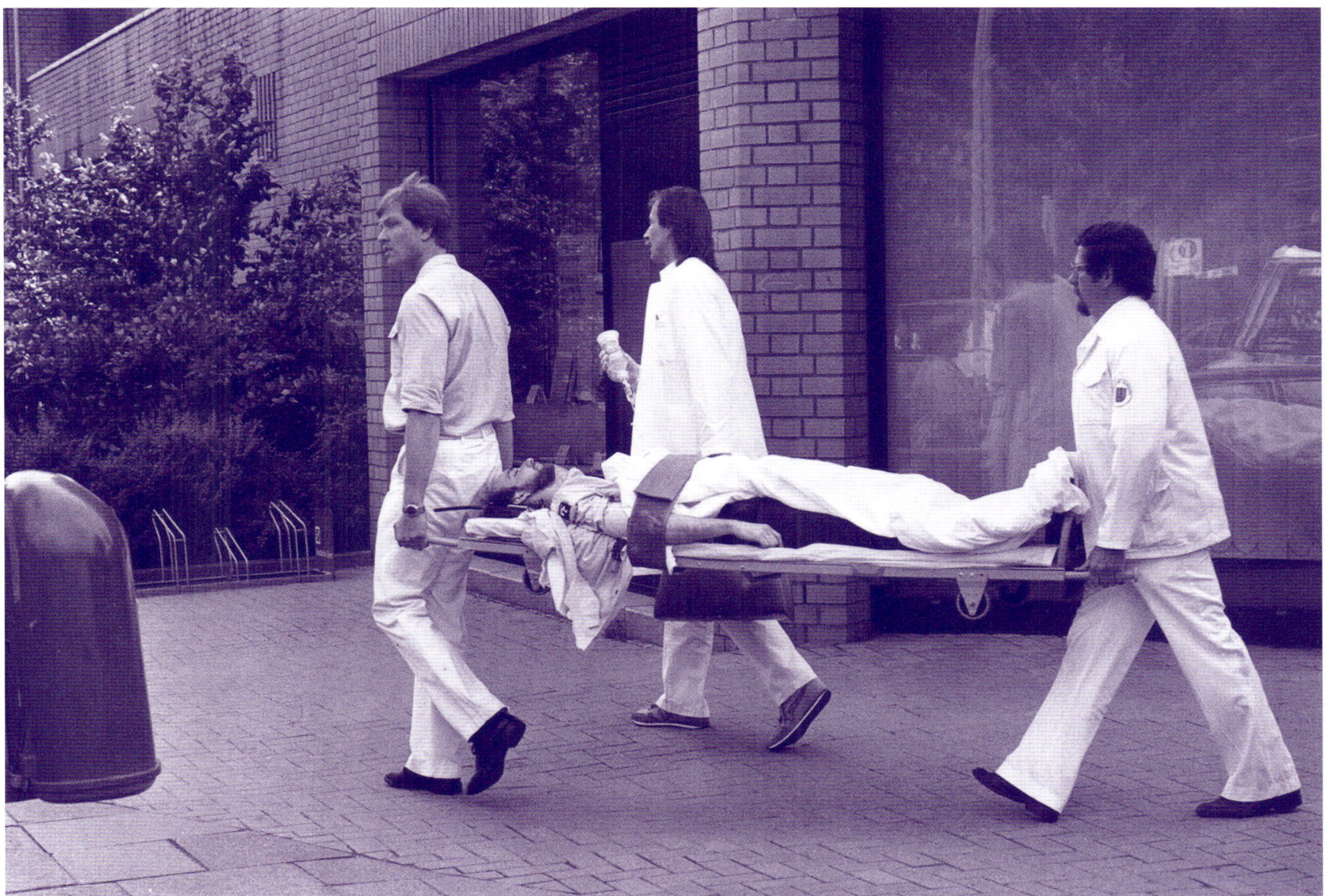

FÜNF SCHÜSSE AUF DEN GASTRO-PLAYBOY

Rasim Fejzagic war Promiwirt in Pöseldorf, er liebte schnelle Autos und schöne Frauen. Ja, in den 80er Jahren war „Ratko“, wie ihn alle nannten, so etwas wie ein Hamburger Playboy. Am 5. Juni 1986 lauerte ein Killer vor seiner Wohnung in Winterhude und tötete den 41-Jährigen mit fünf Schüssen.

Der Gastronom hatte in dieser Nacht sein bekanntes Bistro an der Milchstraße geschlossen und war mit seiner 500er Mercedes-Limousine zur Sierichstraße gefahren. Dort lebte er zusammen mit seiner Freundin in einer schönen Altbauwohnung. Kaum hatte Fejzagic seinen Wagen verlassen, kam der Killer auf ihn zu und feuerte mit einer großkalibrigen 45er-Pistole auf sein Opfer. Die Freundin des Gastwirts hörte in der Wohnung die Schüsse, rannte auf die Straße und fand ihren Freund neben seinem Auto liegend. Rasim Fejzagic war tot. Der Täter entkam.

Für die Mordkommission begann eine aufwendige Ermittlung. Schnell wurden erste Gerüchte laut, dass der Promi-Gastwirt Opfer von brutalen Schutzgelderpressern geworden sei. Die Beamten beschäftigten sich zunächst mit der Vita des Ermordeten: Rasim Fejzagic war 1968 aus einem kleinen Ort in Bosnien nach Hamburg gekommen. Der damals 23-Jährige fand schnell Arbeit bei der Deutschen Werft im Hafen. Doch dann wechselte der junge Mann in die Gastronomie, wurde Kellner in der Kiezkneipe „Revolution“. Die gehörte dem damaligen Groß-Gastronomen („Pizza-König“) Manfred Katz.

Bald machte sich Fejzagic selbstständig, eröffnete erst an der Kanalstraße in Uhlenhorst ein Balkan-Restaurant, dann übernahm er 1985 das „Bistro“ an der Milchstraße und machte es zum Promitreff. So wurde der damalige HSV-Star Ivan Buljan Stammgast, freundete sich schnell mit dem Wirt an, der optisch etwas an den argentinischen Fußball-Superstar Diego Maradona erinnerte.

Aber der Bistro-Chef hatte auch Freunde im Rotlicht-Milieu. Mehr noch: Er soll selbst auch in Falschgeld- und Drogengeschäfte verstrickt gewesen sein. Informanten aus der Drogenszene teilten der Kripo mit, „Ratko“ habe angeblich zwei Italiener mit falschen Dollars betrogen und sogar eine Kokain-Lieferung nicht bezahlt.

Und dann gab es da noch zwei mysteriöse Todesfälle im Umfeld des Ermordeten. 1979 wurde seine damalige Freun-

din tot in ihrem Appartement gefunden. Sie starb angeblich an einer Überdosis Tabletten. Danach war Monika H. (25) seine Freundin. 1981 raste sie mit ihrem Porsche 928 aus ungeklärter Ursache auf der Straße Alsterufer (Rotherbaum) gegen einen Mast – und war sofort tot.

Viele Ermittlungsansätze also. Aber keiner führte die Mordkommission zum Täter.

Linke Seite oben: Der ermordete Promiwirt Rasmin Fejzagic hatte eine gewisse Ähnlichkeit mit Fußballstar Diego Maradona.

Linke Seite unten: Nach der Tat klebt ein Kripobeamter ein Suchplakat, und Mordermittler Horst Kukies sucht an der Sierichstraße sogar in Mülltonnen nach Beweismitteln (rechts).

Oben: In diesem Porsche 928 starb die Freundin des Opfers 1981 am Alsterufer.

TOD EINER V-FRAU

V-Leute – so nennt die Polizei Informanten aus Verbrecherkreisen, die Ermittler mit Informationen versorgen. Ein gefährlicher Job. Annelie K. sollte so eine Tätigkeit im Hamburger Rauschgiftmilieu nicht überleben. Am 13. Juli 1986 wurde die 40-Jährige auf einem Schulhof in Borgfelde erschlagen.

Der „Job" von Annelie K. war es, Dealer hochgehen zu lassen. So gab sie sich im Rauschgiftmilieu als zahlungskräftige Käuferin aus und lockte Drogenhändler in die Falle. Bei verabredeten Übergaben schlug dann die Polizei zu und nahm die Dealer fest.

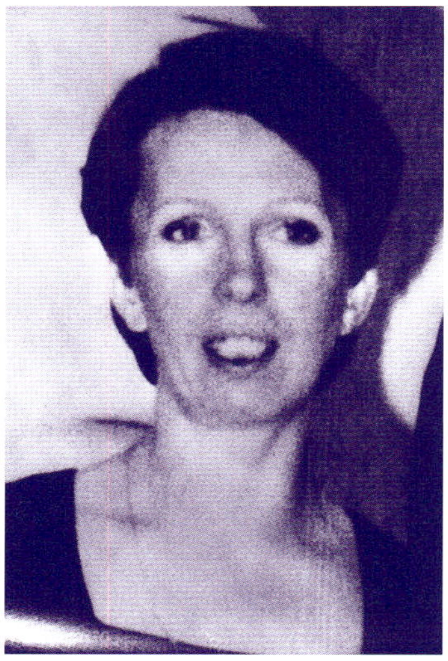

In der Nacht zum 13. Juli 1986 wollte sich die Frau auf dem Schulhof an der Straße Brekelbaums Park, unweit vom Berliner Tor, mit einem Mann treffen, der vorgab, ein Kilo Heroin verkaufen zu können. Bei diesem „Vorgespräch" war die mutige Frau allein. Was genau auf dem Schulhof geschehen ist, konnte nie geklärt werden. Sicher ist nur, dass die 40-Jährige das nächtliche Treffen nicht überlebte. Sie wurde brutal mit einem Hammer erschlagen.

Zunächst geriet ihr Mann, Claus K., in Verdacht. Der 42-Jährige arbeitete ebenfalls als V-Mann für die Kripo. Der Verdächtige kam in Untersuchungshaft, wurde aber im Januar 1987 entlassen, weil die Anklage der Staatsanwaltschaft nicht pünktlich bei Gericht eingereicht worden war.

Claus K. suchte anschließend seine Geliebte, die gegen ihn ausgesagt hatte, auf und bedrohte sie: „Die nächste Tote bist du. Ich mach's nicht selbst, sondern kauf mir einen Killer ..." Die bedrohte Frau ging zur Polizei, und Claus K. wurde erneut verhaftet. Im Januar 1989 stand er vor dem Schwurgericht. Bei der Verhandlung kam heraus, dass der Angeklagte wusste, dass seine Frau bei dem nächtlichen Treff auf dem Schulhof sterben sollte. Er selbst war auch am Tatort, doch der Mörder war ein anderer – so jedenfalls die Einschätzung des Gerichts. Die Begründung von Richter Heinsohn: „An der Kleidung des Angeklagten wurden kaum Blutspuren festgestellt. Der Täter jedoch muss sich förmlich mit Blut besudelt haben."

Claus K. wurde am 22. Januar 1989 wegen Totschlags – begangen durch Unterlassen – zu acht Jahren Gefängnis verurteilt. Der Mörder seiner Frau wurde nie gefasst.

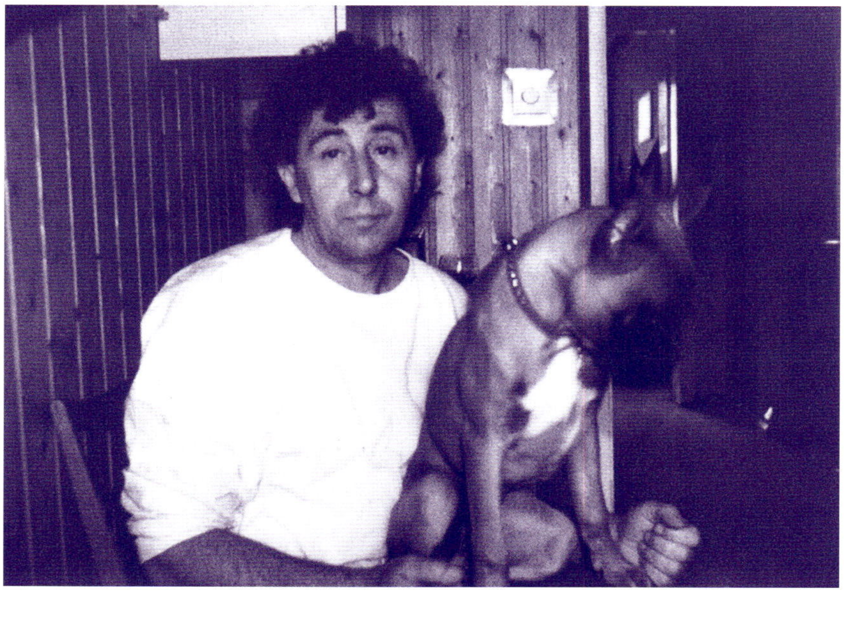

Annelie K. (oben) arbeitete als V-Frau im Drogenmilieu. Claus K., der Ehemann der Ermordeten (rechts), wurde wegen „Totschlags durch Unterlassen" zu acht Jahren Haft verurteilt.

Oben: Beamte der Mordkommission und der Spurensicherung neben der Leiche von Annelie K.

Rechts: Claus K. zusammen mit der Hauptbelastungszeugin

DAS BLUTBAD IM POLIZEIPRÄSIDIUM

Es gibt Verbrechen in Hamburg, über die wird man auch in hundert Jahren noch sprechen. Eines davon ist sicher der „Exitus triumphalis" von „St. Pauli Killer" Werner Pinzner. Während einer Vernehmung im damaligen Polizeipräsidium am Berliner Tor ermordete der 39-Jährige am 29. Juli 1986 den Staatsanwalt Wolfgang Bistry (40). Dann erschoss er seine Frau Jutta Pinzner (39) und tötete sich schließlich selbst. Wegen der Sicherheitspannen, aber auch wegen umstrittener Vernehmungsmethoden, traten sechs Wochen nach der Tat Innensenator Rolf Lange (SPD) und Justizsenatorin Eva Leithäuser (SPD) zurück.

Fast vierzig Jahre lang hatte die Hamburger Polizei am Berliner Tor ihre Zentrale. Der Polizeipräsident residierte in einem Anbau, und die Kripo hatte ihre Büros auf den 22 Etagen des 1962 gebauten „Polizeihochhauses". Im vierten Stock saß die „Soko 855". Sie war 1985 gegründet worden und sollte diverse ungeklärte Morde im Hamburger Rotlichtmilieu aufklären.

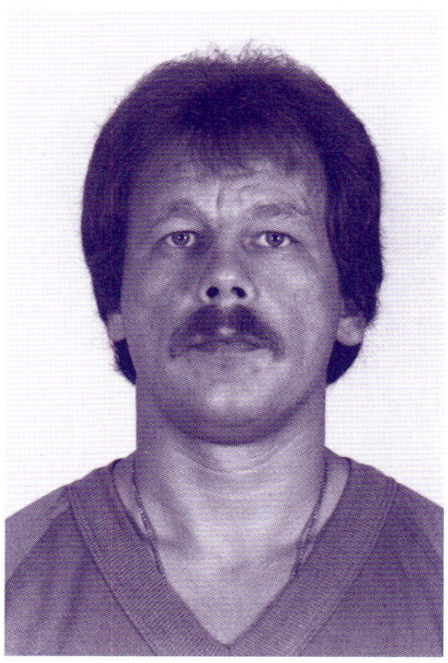

Am 15. April 1986 wird Werner Pinzner in seiner Barmbeker Wohnung gefasst, und wenig später ist klar: Fünf dieser Morde im Zuhältermilieu hat er begangen. Pinzner ist kokainabhängig und bezeichnet sich größenwahnsinnig als „Killer der Nation" – er brüstet sich damit, auch für den Verfassungsschutz und das BKA als Auftragsmörder tätig gewesen zu sein. Schließlich behauptet er sogar, elf Morde begangen zu haben, und prahlt: „Ich bin der Eliminator."

Grund genug also für den Staatsanwalt Wolfgang Bistry, sich eingehend mit Pinzner zu beschäftigen. Doch Pinzner verhält sich wie eine Diva, erinnert sich der Ermittler Max van Oosting später. Der Serientäter hält Kripo und Staatsanwaltschaft hin.

Es ist kurz vor neun Uhr am 29. Juli 1986, als Kripomann van Oosting am Untersuchungsgefängnis am Holstenglacis vorfährt. In seiner Begleitung sind schwer bewaffnete Beamte des Mobilen Einsatzkommandos (MEK). Man rechnet damals jederzeit mit einem Mordanschlag auf Pinzner. Auf St. Pauli hat sich schnell herumgesprochen, dass Pinzner bei der Soko auspackt. Angeblich hatten Milieugrößen 300.000 Mark Kopfgeld auf den redseligen Auftragskiller ausgesetzt. Max van Ooosting hat also an diesem heißen Sommertag allen Grund, nervös zu sein.

Doch der Transport mit Blaulicht zum Berliner Tor verläuft reibungslos. Im Zimmer 418 sind sie dann alle versammelt: van Oosting, ein Kollege, Staatsanwalt Bistry, Pinzners Anwältin, die Protokollantin und Pinzners Ehefrau Jutta.

Dass Angehörige bei der Vernehmung von Mordverdächtigen dabei sind, ist eigentlich undenkbar. Doch Pinzner hatte immer wieder Bedingungen gestellt, damit er weitere Morde gesteht. Und die Ermittler erfüllten ihm diese Wünsche meist – was schließlich den Staatsanwalt das Leben kosten sollte.

Was Bistry und die beiden Kripoleute an diesem Tag nicht wissen: Pinzners Anwältin Isolde O. hatte einen 38er Smith & Wesson-Revolver besorgt und ihn ins Polizeipräsidium bringen können. Anwälte werden auf dem Weg zu ihren Mandanten nicht kontrolliert. Im Präsidium deponierte sie die fünfschüssige Waffe auf der Damentoilette. Genau dahin will Jutta Pinzner noch vor Beginn der Vernehmung. Max van Oosting bringt sie hin und wartet vor der Tür. „Kein gutes Gefühl" habe er damals gehabt, sagt er dem „Hamburger Abendblatt" später. Tatsächlich findet Jutta Pinzner die Waffe in der Toilettenkabine und steckt sie in ihre Handtasche.

Zurück im Vernehmungszimmer will Max van Ooosting mit der Vernehmung Pinzners beginnen. Doch Pinzner holt den schweren Revolver aus der Handtasche, richtet ihn auf die Beamten und sagt: „Das ist eine Geiselnahme." Max van Oosting springt auf. Pinzner sagt: „Du setzt dich wieder hin." Fast gleichzeitig fallen zwei Schüsse. Van Oosting hechtet zur Tür, kann ebenso wie sein Kollege flüchten. Pinzner gibt einen dritten Schuss ab, trifft die Beamten aber nicht. Van Oosting rennt auf den Flur und schreit: „Achtung! Pinzner ist bewaffnet!" Was er da noch nicht weiß: Staatsanwalt Bistry war auch aufgesprungen und wurde von Pinzners Kugeln getroffen.

Der Killer verbarrikadiert die Tür des Vernehmungszimmers mit einem Schreibtisch. Dann ruft er seine Tochter Birgit an und sagt, dass er sie liebt. Die Protokollantin hat sich unter einem Schreibtisch versteckt. Pinzner bedroht sie und sagt: „Du schaust zu." Jutta Pinzner kniet sich vor ihren Mann, öffnet den Mund. Pinzner schießt. Das Neun-Millimeter-Geschoss trifft das Kleinhirn. Die Frau ist sofort tot. Anschließend bringt sich Pinzner ebenfalls durch einen Schuss durch den Mund um.

Die unverletzt gebliebene Anwältin wird wegen Beihilfe zum Mord zu sechseinhalb Jahren Haft verurteilt. In den späteren Prozessen kommt heraus: Die zur Tatzeit 41 Jahre alte Angeklagte war psychisch schwer angeschlagen. Gleichzeitig aber bot sie nach Pinzners Verhaftung kalt berechnend Medien „Exklusivrechte" am Fall des Serienmörders an. Die Frau lebt heute angeblich zurückgezogen in Süddeutschland. Die Tatwaffe ist im Polizeimuseum Alsterdorf zu sehen. Seit dem Jahr 2000 befindet sich auch das Polizeipräsidium dort am Bruno-Georges-Platz. Das alte Polizeihochhaus wurde zum „Berliner Tor Center". Aus dem Vernehmungszimmer, in dem die tödlichen Schüsse fielen, ist ein ganz normales Büro geworden.

Linke Seite: Werner Pinzner, selbsternannter „Killer der Nation"

Unten: Das Polizeifoto zeigt den Tatort im vierten Stock des alten Polizeipräsidiums.

DAS MORDRÄTSEL UM DIE LEICHE VOM DEICH

Ernst blickende Männer in Trenchcoats stehen an einem Deich. Ihre Augen sind auf die Leiche eines Mannes gerichtet, dessen Hände mit Handschellen gefesselt sind. Wer das Foto aus dem MOPO-Archiv heute betrachtet, denkt unweigerlich an „Tatort" oder „Polizeiruf 110", glaubt an Krimi-Dreharbeiten. Ein Irrtum. Das Bild zeigt ein reales Mordopfer – abgelegt am Moorwerder Hauptdeich vor 36 Jahren.

Adolf Heinzeller feierte gern und er trank auch gern. So auch am 30. November 1986. Schick im Anzug betrat er die Kneipe zur „Zur gemütlichen Ecke" an der Großen Freiheit. Hier war der 49-Jährige Stammgast. Doch so fein hatten die Gäste den arbeitslosen Steinsetzer, den alle hier nur „Addi" nannten, noch nicht gesehen. Die anderen Zecher wunderten sich sehr, einer frotzelte: „Mensch, was hast du dich fein gemacht. Willst du heiraten?"

Adolf Heinzeller nuschelte eine Erwiderung und setzte sich dann zu seiner Skatrunde. Bis Mitternacht spielte und trank „Addi", dann ließ er sich vom Wirt ein Taxi rufen. Keiner wusste, wohin er an diesem Abend noch wollte.

Am nächsten Morgen um 8.30 Uhr führte eine Hausfrau (49) ihre Münsterländer-Hündin „Anka" am Moorwerder Hauptdeich aus. Unweit des Naturschutzgebiets „Heuckenlock" stieß sie auf die Leiche Adolf Heinzellers.

Die Mordkommission überprüfte zunächst das Umfeld des Opfers. Der Mann hatte zuletzt in einer kleinen Hinterhof-Wohnung an der Sternstraße gelebt. Eine Mitbewohnerin sei vor einiger Zeit nach Neumünster gezogen, so Nachbarn zu den Beamten. Die Ermittlungen verliefen im Sande. Es war damals auch nicht die Zeit, in der die Kripo allzu viel Energie in so einen Mordfall steckte. Dafür war die Kriminalität in Hamburg einfach zu hoch. Es gab Wochen, in denen hier drei oder vier Menschen ermordet wurden.

Das Tötungsdelikt ist bis heute nicht aufgeklärt. Doch der oder die Mörder sollten sich nicht zu sicher fühlen. Mord verjährt nicht, und im Hamburger Landeskriminalamt gibt es eine Spezialdienststelle, die sich regelmäßig die Akten ungeklärter Mordfälle vornimmt. Und so steht mancher Mörder, der zur Tatzeit vielleicht 18 bis 20 Jahre alt war, heute als erwachsener Familienvater oder sogar Rentner noch vor Gericht.

Der 49-jährige Adolf Heinzeller (oben) wurde nach einer Skatrunde auf dem Kiez am Moorwerder Deich ermordet. Eine Frau entdeckte die Leiche bei einer Gassirunde auf dem Deich.

Chefermittler Horst Kukies (2. von rechts) blickt auf den ermordeten Adolf Heinzeller. Die Hände des Opfers sind gefesselt.

KILLERKOMMANDO SCHLÄGT VOR DER KITA ZU

Ali Akbar Mohammadi (36) war ein mutiger Mann. Der Flugkapitän und Privatpilot des iranischen Parlamentspräsidenten Rafsandschani entführte dessen Flugzeug und landete mit der Fokker Falcon am 12. April 1986 im Irak. Doch das Mullah-Regime hat einen langen Arm. Wenig später wird der Iraner Opfer eines Killerkommandos – und zwar mitten in Hamburg.

Am 16. Januar 1987 gegen 8.30 Uhr steigt der Pilot in Lohbrügge zusammen mit seiner Tochter Delaran in seinen Ford Granada. Wie jeden Tag fährt er mit der Vierjährigen zur nahen Kita an der Mendelstraße. Er streichelt seinem Töchterchen über den Kopf, sagt: „Ich lege dich in Gottes Hand." Die Kleine sollte ihren geliebten Vater nie wiedersehen.

Als der 36-Jährige die Kita verlässt, feuern zwei Killer auf den Familienvater. Sein Blut färbt den Schnee rot. Gertrud Duden, die Leiterin der Kita, rennt mit ein paar Decken raus, will dem Verletzten helfen. Doch Mohammadi ist von mehreren Kugeln in Brust und Kopf getroffen worden. Er stirbt im Rettungswagen auf dem Weg ins Krankenhaus. Gertrud Duden zieht die Vorhänge der Kita zu, die Kinder sollen nichts mitbekommen.

Exil-Perser in Hamburg vermuten schnell, dass die Mullahs im Iran hinter dem Mord stecken. Das sieht auch die Hamburger Kripo so, und die für politisch motivierte Straftaten zuständige Staatsschutz-Abteilung übernimmt den Fall.

Das Opfer hatte sich nach seiner Flucht aus dem Iran klar positioniert. Auf einer Pressekonferenz nach seiner Landung in dem mit dem Iran im Krieg befindlichen Irak sagte Mohammadi: „Mit dieser Aktion wollte ich ausdrücken, dass ich den Krieg verabscheue, den das kriminelle und tyrannische Regime in Teheran dem iranischen Volk aufzwingt."

Der Flugkapitän war nach seiner Flucht über Umwege nach Hamburg gekommen und hatte hier um politisches Asyl gebeten. Der Antrag war wenige Tage vor dem Mordanschlag bewilligt worden. Mohammdi hatte Kontakt zu iranischen Oppositionsgruppen und sprach vor seinen Landsleuten offen über die Umstände seiner mutigen Flucht. Doch in Hamburg lebten auch viele Anhänger des Mullah-Regimes, und die „Blaue Moschee" an der Schönen Aussicht in Uhlenhorst gilt bis heute als deren Treffpunkt – manche meinen sogar, dort residiere der iranische Geheimdienst.

Kurz vor dem Mord erhielt Mohammadis Hamburger Anwalt telefonisch Drohungen auf Persisch. Der Anrufer behauptete, vier iranische Kommandos seien auf dem Weg nach Hamburg, um den „Verräter" zu töten. Der Anwalt informierte seinen Mandanten, aber nicht die Polizei. Zwei Tage später fielen die Schüsse.

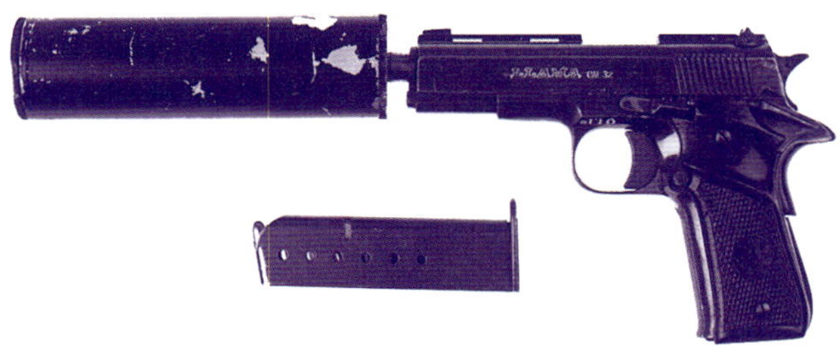

Linke Seite: Ali Akbar Mohammadi (36), das Opfer der Profikiller, und die Tatwaffe mit Schalldämpfer, die in Bergedorf gefunden wurde.

Rechts: Mit dieser Zeichnung fahndete die Polizei nach den beiden Killern.

Ging es um Teppiche im Wert von 150 Millionen Mark? Bei der Ermordung zweier Chinesen 1988 tappte die Polizei lange im Dunkeln.

FOLTERMORDE IN DER REIHENHAUS-IDYLLE

Bei der Tötungsart kann man nur von Folter sprechen: Beide Opfer wurden gefesselt und auf den Bauch gelegt. Dann schnürte ihnen der Täter dünnen Draht um den Hals und verknüpfte ihn jeweils mit ihren angewinkelten Beinen. Als die Kräfte der Opfer schwanden, strangulierten sie sich selbst. Die MOPO titelte am 14. September 1988: „China-Mafia in Hamburg – Zwei Tote im Teppich".

Der Tatort war eine Wohnung in einem modernen Apartmenthaus am Borsteler Bogen. Bei den Opfern handelte es sich um Li Tiexiong (54) und Zhang Yongquing (37). Der Ältere der beiden war Geschäftsführer der „Great Wall China GmbH", einer Firma, die mit chinesischen Teppichen, Lackmöbeln und Porzellan handelte. Als der Geschäftsführer drei Tage nicht zur Arbeit erschien, alarmierten Mitarbeiter den Hausmeister. Der öffnete die Wohnung von Li Tiexiong und entdeckte die Leichen im Badezimmer und im Schlafzimmer.

Vermutlich, um die Verwesung zu beschleunigen und Spuren zu verwischen, hatte der Täter die Toten erst in feuchte Tücher und schließlich fest in Teppiche gewickelt. Dann drehte er die Heizungen in der Zwei-Zimmer-Wohnung auf.

Damals erinnerten sich viele Hamburger noch an den Thriller „Im Jahr des Drachen – Chinatown-Mafia", der 1986 in die Kinos gekommen war, und die Vermutung lag für viele Menschen nahe, dass Angehörige mafiöser chinesischer Gangsterbanden, Triaden genannt, hinter dem Doppelmord steckten. Auch die Hamburger Mordkommission versuchte, in diese Richtung zu ermitteln, doch bei den in der Hansestadt lebenden Chinesen stieß sie auf eine Mauer des Schweigens. Ein Ermittler damals: „Die haben eine Angst, so etwas hab' ich noch nicht erlebt. Man hat den Eindruck, die würden sich eher die rechte Hand abhacken lassen, als mit der Polizei zu sprechen."

Doch schon nach wenigen Tagen war klar: Der Foltertod der beiden Teppichhändler könnte auch ein Raubmord gewesen sein. „Great Wall China" war ein Gemeinschaftsunternehmen der Volksrepublik China und des Teppichimporteurs „Türkas" aus Istanbul. Die Teppiche aus China wurden im freien Zoll-Lager des Unternehmens an der Borsteler Chaussee verwahrt, nur ein paar Hundert Meter von der Wohnung der Ermordeten entfernt. Damals wurde für echte Teppiche noch gutes Geld bezahlt. Da die weltgrößte Teppich-Messe „Ortefa" in den Hamburger Messehallen bevorstand, lagerten zur Tatzeit 80.000 Teppiche im Wert von angeblich 150 Millionen Mark in dem Lager in Groß Borstel. Auch größere Mengen Bargeld befanden sich in der Firma.

Wurde die Strangulationsfolter angewandt, um die beiden Chinesen zur Herausgabe von Lager- oder Tresorschlüsseln zu zwingen? Die Ermittlungen zogen sich über Wochen hin. Der damalige Bürgermeister, der SPD-Politiker Henning Voscherau (1941–2016), war zu der Zeit in Hamburgs Partnerstadt Shanghai zu Gast und ließ sich detailliert informieren. Die chinesischen Behörden waren an dem Mordfall stark interessiert.

Der chinesische Generalkonsul erschien im Rathaus und äußerte sein Missfallen über die angeblich für China so negative Berichterstattung in den Medien. Gleichzeitig empfahl das Konsulat Landsleuten, die die Hamburger Teppich-Messe besuchen wollten, nur in Gruppen auf die Straße zu gehen, nicht alleine zu schlafen und nachts das Licht anzulassen.

Die Ermittlungen gerieten immer mehr in eine Sackgasse, doch dann meldete sich Anfang Oktober eine Frau bei der Kripo und erklärte, ihr ehemaliger Freund, der Afghane Ahmad Ahmadi (22), habe über die Tat gesprochen und auch unbekannte Details mitgeteilt. Die 27-Jährige zeigte den Mann an. Ahmad Ahmadi wurde festgenommen, ein Richter aber sah keine Haftgründe und ließ den Verdächtigen wieder frei. Erst als am 27. September detaillierte Berichte der Spurensicherung vorlagen, erhärtete sich der Verdacht, so dass endlich Haftbefehl erlassen wurde. Doch Ahmadi war da bereits aus Hamburg geflüchtet.

Im November nahmen schwedische Polizisten dann in Göteborg fünf Personen fest – angeblich Mitglieder der Terrorgruppe „Volksfront für die Befreiung Palästinas". Einer von ihnen war Ahmadi, der einen gefälschten Pass bei sich trug. Mit palästinensischen Terrorgruppen hatte er nichts

China-Mafia in Hamburg

Zwei Tote im Teppich

Spanien pts 75; Kan. Inseln pts 80; Dänemark Dkr 4; Portugal Esc 90; Italien L 750; Österreich öS 7; Großbritannien 50 p; Jugoslawien Din 1700; Griechenland Dr. 90; Türkei TL 1100

HAMBURGER MORGENPOST

Mittwoch, 14. Sept. 1988 · 50 Pf · C 1986 A
Nr. 215/37 · Redaktion: (040) 88 303-0 · Anzeigen: (040) 88 303-336

Die Frau des chinesischen Teppichhändlers Li stand einsam am Flughafen Fuhlsbüttel, ihr Mann hatte sie nicht abgeholt, nach zwei Jahren Trennung. Der 57jährige war tot, mit seinem Kollegen Zhang (34) in seiner Wohnung in Hamburg-Groß Borstel ermordet. Die Leichen waren wie Mumien in Mull gewickelt und in einen Teppich gerollt, das Appartement durchwühlt. Hatte die China-Mafia Killer geschickt? S. 6/7/8

BUNDESLIGA AKTUELL

2:2

St. Pauli holt einen Punkt aus Leverkusen

Sport ab Seite 15

OLYMPIA

Deutsche Sportler gegen Boris!

Boris Becker sieht nachdenklich aus - morgen soll er ins Olympische Dorf einziehen, doch bei den bundesdeutschen Athleten brach ein Proteststurm los. Selbst Heinz Fallak, Chef unserer Olympiamannschaft, sagt: „Ich habe Verständnis für die Proteste." - Ausführliche Olympia-Berichte ab Seite 23

Der Doppelmord war das spektakulärste Verbrechen des Jahres 1988. Oben eine von mehreren Titel-Schlagzeilen zu dem Fall aus der MOPO

zu tun, wohl aber mit den afghanischen Mujaheddin. Der Verdacht: Ahmadi wollte mit der Beute aus dem Teppichlager die Mujaheddin beim Kampf gegen die russischen Besatzer in seinem Land unterstützen.

1989 kam es in Hamburg schließlich zum Gerichtsverfahren. Ahmad Ahmadi wurde wegen Mordes zu lebenslanger Haft verurteilt. Die Richter gingen von Habsucht als Motiv aus. Wenig später versuchte Ahmadi, sich in der Haft das Leben zu nehmen. Er konnte zwar zunächst in eine Klinik gebracht werden, hatte aber bei dem Freitodversuch schwerste gesundheitliche Schäden erlitten und kam nie mehr zu sich. Er starb im Krankenhaus.

In kaum einer Hamburger Spelunke kam es zu so vielen Gewaltverbrechen wie im „Club 77“.

DER TOD WAR HIER STAMMGAST

„Club 77“ – jedem altgedienten Kiez-Polizisten fällt zu dieser üblen Spelunke eine Geschichte ein. In den fast 35 Jahren, in denen es das Lokal mit angeschlossenem Bordell an der Holstenstraße gab, sind hier mehr Gewaltverbrechen passiert als in zwanzig Jahren in einer mittleren Großstadt. Trauriger Höhepunkt war die Schießerei vom 17. Oktober 1988 mit zwei Toten und einem Schwerverletzten.

Im Hamburger Rotlichtmilieu können Fehler tödlich sein. Diese Erfahrung machen zwei junge Kurden aus dem Frankfurter Raum. Zusammen mit zwei Landsleuten wollten die 23 und 24 Jahre alten Männer den Streit um eine Prostituierte offenbar gewaltsam klären.

Gar keine gute Idee in einem Bordell wie dem in Altona. Denn hier regierten Nevzat A. (damals 38) und seine Rotlicht-Kumpel. Der Bordellboss wurde wegen seiner Vorliebe für die italienische Küche überall auf dem Kiez nur der „Schöne Italiano“ genannt.

Anfang der 80er Jahre war der Bordellier aus einem Dorf in der Türkei nach Hamburg gekommen. Drogenhandel konnte ihm zu Lebzeiten nie nachgewiesen werden. Doch nach einigen Jahren in Hamburg besaß er in seiner bitterarmen Heimat eine mittelgroße Einkaufspassage. Fakt ist: Nevzat A. hatte sich schnell mit Rücksichtslosigkeit und Brutalität im Hamburger Rotlichtmilieu einen Namen gemacht, wurde von vielen St. Paulianern gefürchtet. Das aber wissen seine Landsleute aus Frankfurt offenbar nicht. Es ist kurz nach ein Uhr, als die vier die Kaschemme betreten.

Sieben Frauen sitzen zu diesem Zeitpunkt eher gelangweilt an der Bar. Schon für dreißig Mark bieten sie ihre Dienste an. Das ist aber nur ein Lockangebot, oben auf dem Zimmer fordern sie dann von türkischen Freiern 100 und von Deutschen 150 Mark. Doch die vier Besucher haben an diesem Abend kein Interesse an Sex. Sie werfen mit Barhockern. Dann gehen sie vor die Tür und laufen in eine tödliche Falle. Mindestens zwölf Schüsse aus zwei Automatik-Pistolen fallen – mutmaßlich abgegeben von Kumpanen „Italianos“. Oder schoss der Gangsterboss selbst?

Veysel B. (23) wird mitten ins Auge getroffen und ist sofort tot. Tayfun G. (24) stirbt Minuten später an einem Herzschuss. Celik C. (23) humpelt mit einem Bauchschuss noch ein paar Meter, bricht dann lebensgefährlich verletzt zusammen.

Als die ersten Polizisten eintreffen, sind die Killer verschwunden. Sie werden nicht gefasst, der Doppelmord vorm „Club 77“ kann nie aufgeklärt werden. Bordellboss „Italiano“ wird zwar festgenommen, doch nachweisen kann ihm die Kripo nichts. Er macht weiter wie bisher, scheffelt unglaublich viel Geld in seinem Bordell und im Drogenhandel. Und er handelt auch mit Waffen: 1992 wird mit einer im „Club 77“ verkauften Knarre in einem Billardcafé an der Silbersackstraße ein Gast vom Barhocker geschossen, vier

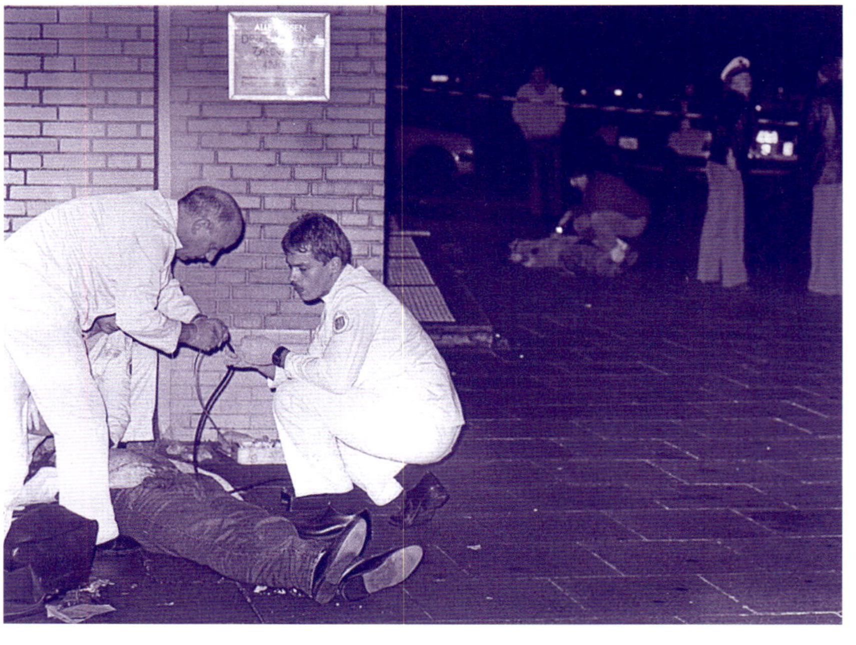

Im Kofferraum des Luxusfahrzeugs liegt nun die verweste Leiche des Zuhälters. Todesursache: Kopfschuss. Auch seine Freundin Amelia de Jesus da Silva V. (31) wird auf diese Weise ermordet. In einem der Appartements über dem „Club 77" hängt sie über einer geöffneten Schublade einer Kommode. Blut tropft hinein. In der Schublade soll „Italiano" seine Bargeldbündel verwahrt haben. Die Täter entkommen mit 400.000 Mark. Sie werden nie ermittelt.

Doch auch nach „Italianos" Tod kehrt keine Ruhe im Puff ein. Seine „Geschäftspartner" handeln weiter mit Waffen, und die Polizei macht weiter Razzien. Der Betrieb wird behördlicherseits geschlossen, macht unter einem Strohmann wieder auf, wirbt 2014 noch so: „Ein Sündenpfuhl zum Eintauchen in eine Welt der Erotik ..." Oder in eine Welt der Gewalt.

Inzwischen ist damit Schluss, die Spelunke ist schon lange dicht. Doch unlängst meldete sich ein Rechtsanwalt im Namen des angeblichen Besitzers der Immobilie bei der MOPO und beschwerte sich heftig über die negative Berichterstattung über das „Anwesen Holstenstraße 77". Es sei einfach gemein, die Immobilie mit diesen schlimmen Verbrechen in Zusammenhang zu bringen.

Links: Nach den Schüssen vor dem Club 77 wurde ein Verdächtiger festgenommen.

Jahre später ein Mann vorm „Club 77" erschlagen. Die Liste mit weiteren Gewalttaten rund um das Bordell ist lang. In manchen Jahren rückt die Polizei monatlich zur Razzia an.

Bei einer dieser Razzien entdeckt die Kripo neben einem Dutzend Pistolen und Schrotflinten sogar eine Maschinenpistole. „Italianos" Bruder Oktay wird zu vier Jahren Knast verurteilt. Der Bordellchef selbst kann wieder mal nicht überführt werden. Aus Angst sagt niemand aus. „Italiano" fühlt sich nach mehr als 15 Jahren im Milieu sicher – zu sicher. Dabei hat er allen Grund, ängstlich zu sein: „Italiano" hat nämlich eine Macke. Er trägt immer einen sechsstelligen D-Mark-Betrag bei sich. Und damit prahlt er gern. Keine gute Idee im Milieu.

Im September 1998 ist Nevzat A. plötzlich verschwunden. Bruder Oktay macht sich auf die Suche und entdeckt am 22. September 1998 den AMG-Mercedes E 50 des Opfers an der Billrothstraße nur 250 Meter vom „Club 77" entfernt. Das PS-starke Auto war der ganze Stolz des Türken, mit schmutzigen Schuhen durfte dort niemand einsteigen.

Linke Seite: Sanitäter kämpfen um das Leben des Opfers. Ihm wurde in den Bauch geschossen.

Rechts: Während die Polizisten den Tatort sichern, posiert eine Prostituierte mit erhobenem Daumen.

BESCHAFFUNGSMORD AN EINER SOPRANISTIN

13 Mordfälle innerhalb von drei Jahren. Immer waren ältere Menschen die Opfer. Und die Täter stammten oft aus dem Drogenmilieu, waren bereit, für den nächsten „Schuss" Heroin zu töten. Zwischen 1985 und 1988 erschütterte eine Serie von Morden Hamburg. Zu den Opfern zählte auch die Sängerin Gerlinde Etschmann (55).

Die Sopranistin war kaum 1,60 Meter groß und nur 53 Kilogramm schwer, aber ein Energiebündel und bei allen beliebt. Musik war ihr Leben, die gebürtige Innsbruckerin stand auf vielen Bühnen, sang Stücke von Mozart, Verdi oder Bellini. Auch im legendären Hansa-Theater am Steindamm trat Gerlinde Etschmann auf. Leben konnte sie von ihren Engagements jedoch nicht. Neben ihrer großen Leidenschaft hatte sie noch einen anderen Beruf, arbeitete als Sekretärin bei der Deutschen Phono-Akademie in Lokstedt.

Am 26. Oktober 1988 kam die 55-Jährige vermutlich von der Arbeit und betrat das Wohnhaus Schäferkampsallee 41 in Eimsbüttel. Als sie ihre Wohnungstür im vierten Stock aufschloss, wurde sie von zwei Männern angegriffen. Nachbarn hörten ihre Schreie: „Oh, nein! Nein!"

Die Anwohner riefen sofort die Polizei. Die Beamten fanden die schwerverletzte Frau im Flur ihrer Wohnung. Das Opfer hatte schwerste Kopfverletzungen erlitten, war mit einem unbekannten Gegenstand niedergeschlagen worden. Als der Notarzt eintraf, war Gerlinde Etschmann tot.

Nur eine Woche später waren die Täter ermittelt. Nicolaus K. (20) hatte in der Phono-Akademie als Packer gearbeitet und kannte Gerlinde Etschmann. Zusammen mit seinem Komplizen Andre F. (19) hatte er in der Eimsbütteler Wohnung Bargeld, Schmuck und die Firmenschlüssel der Phono-Akademie geraubt.

Ihre Beute versetzten die Mörder bei einem Hehler auf St. Pauli. Ihr Motiv: Sie waren beide heroinabhängig und wollten sich Geld für Drogen verschaffen. Die jungen Männer stammten aus guten Elternhäusern und waren in Eppendorf aufgewachsen. Nicolaus K. stand direkt vor dem Abitur. Die Hamburger waren erleichtert über den schnellen Fahndungserfolg der Polizei.

Doch was war mit den anderen Opfern? Paula Grimm (83) – erschlagen an der Friedensallee in Ottensen. Dora Hübner (78) – erdrosselt an der Simon-von-Utrecht-Straße auf St. Pauli. Oder Adele Dressler (77) – ermordet an der Wrangelstraße in Hoheluft. Die meisten der 13 Fälle konnten nie geklärt werden. Die MOPO sprach damals von „Klingel-Gangstern", die an den Wohnungstüren läuteten, die Bewohner sofort niederschlugen und ausraubten.

Die Vermutung: Auch diese Taten wurden von Drogenabhängigen begangen. Tausende hingen damals an der Nadel und waren bereit, für Heroin schwerste Straftaten zu begehen. 1988 waren mindestens 5000 Menschen in Hamburg drogenabhängig. Und es gab genau 88 stationäre Therapieplätze. Bis zu einhundert Menschen starben damals jährlich an einer Überdosis.

Die Sopranistin Gerlinde Etschmann (55). Als sie am 26. Oktober 1988 vermutlich von der Arbeit nach Hause kommt, wird sie an ihrer Wohnungstür niedergeschlagen.

Oben: Der Tatort im vierten Stock: das Haus an der Schäferkampsallee, Ecke Schäferstraße

Unten: Phantombild des Täters

Rechts: Fahndung nach den „Klingel-Gangstern“ am Klingelschild des Hauses, in dem der Mord verübt wurde

An Silvester zündet ein gescheiterter Gastronom sein Lokal an.

Er wollte die Versicherungssumme kassieren – und wurde festgenommen.

FLAMMEN VERNICHTEN TEILE DER ALSTERARKADEN

Die Anklage der Staatsanwaltschaft warf Ronald F. 1992 schlicht „Schwere Brandstiftung in Tateinheit mit versuchtem Versicherungsbetrug" vor. Doch das traf es nicht. Dem 51-jährigen Gastronomen wurde nichts anderes vorgeworfen, als ein bedeutendes Stück Hamburg vernichtet zu haben – nämlich Teile der Alsterarkaden. Diese waren am 31. Dezember 1989 in Flammen aufgegangen.

Das Baudenkmal im Herzen der Hamburger Innenstadt verdankt seine Entstehung einem Großfeuer. Dem verheerenden Hamburger Brand von 1842 nämlich. Der hatte unter anderem das Rathaus zerstört, und der Rathausmarkt sollte nun ganz neu gestaltet werden.

So staute man am Rathausmarkt vor der Schleusenbrücke die Alster zu einem kleinen Bassin auf – die „Kleine Alster" entstand. Und an ihrer Seite schuf der Baumeister Alexis de Chateauneuf einen eleganten Arkadengang im italienischen Stil. 1846 war das Bauwerk komplett, und die Hamburger staunten über die „Alsterarkaden" und auch über die „Mellin-Passage", einen kleinen Durchgang von den Arkaden zum Neuen Wall. Sie ist heute Hamburgs mit Abstand älteste Einkaufspassage. Dieser kurze Blick in die Historie ist nötig, um zu verstehen, was da am Silvestertag 1989 verloren ging.

Direkt am Ausgang der Mellinpassage zu den Alsterarkaden befand sich damals die bereits 1892 eröffnete „Vegetarische Gaststätte". Ein verwinkeltes Lokal mit Schiffsmodellen, die von der Decke baumelten. Viele Gäste hatten die 60 oft schon deutlich überschritten. Im vermutlich ältesten vegetarischen Restaurant Europas gab es warmen „Getreide-Bratling", Eiersalat, Rohkostplatten oder frisch gepressten Möhrensaft („Für die Augen").

Gründer der Gaststätte war ein Herr Krafft-Schubarth. Als Geschäftsführer fungierte seit 1983 Ronald F. Der gelernte Kaufmannsgehilfe war der Sohn der letzten Lebensgefährtin des Gründers. Doch die Geschäfte liefen nicht mehr gut, es gab Streit über die Höhe der Miete, und der Pachtvertrag lief aus. Ronald F. drohte der Konkurs.

An diesem 31. Dezember 1989 nun stieg er morgens früh an seinem Wohnort in der nördlichen Lüneburger Heide in seinen Mercedes. Gegen sieben Uhr parkte er seinen Wagen am Neuen Wall. Er grüßte drei Müllwerker freundlich und betrat sein Lokal. Einen „Kontrollgang" habe er gemacht, sagt der Gastronom später bei der Kripo. Schon gegen 7.15 Uhr fuhr er vom Neuen Wall wieder ab.

Da brannte es im Lokal bereits. Kurz nach acht Uhr fuhr ein Streifenwagen durch den Neuen Wall und bemerkte das Feuer. Bald stand eine riesige Rauchwolke über der Hamburger City. Das Feuer fand in den hölzernen Treppen, den Holzverkleidungen und Regalen des Lokals und von Traditionsgeschäften wie dem Herrenausstatter „Ladage & Oelke" reichlich Nahrung. Hunderte Feuerwehrleute kämpften gegen die Flammen. Um neun Uhr stürzte das Dach der Mellinpassage ein.

Erst gegen zwölf Uhr hatte die Feuerwehr den Großbrand unter Kontrolle. Doch der Teil der Alsterarkaden, in denen sich die vegetarische Gaststätte befand, war da bereits vernichtet. Schnell geriet der Pächter in Verdacht. Ronald F. versuchte sich derweil mit einer Neueröffnung eines Veggie-Lokals am Gänsemarkt. Das „Campus" genannte Restaurant lief jedoch nicht und musste bald wieder schließen. Nun ruhte die Hoffnung des gescheiterten Gastronomen auf der Auszahlung der Versicherungssumme nach dem Brand. Doch statt einen stattlichen Betrags zu erhalten, wurden die Ermittlungen gegen ihn immer konkreter. Er wurde verhaftet.

Es kam zur Anklage, und 1992 konnte die Staatsanwaltschaft während der Hauptverhandlung das Landgericht überzeugen, dass der Brandstifter Ronald F. gewesen sein muss. Der damals noch junge Starverteidiger Otmar Kury hatte vergeblich versucht, das Gericht davon zu überzeugen, dass ein technischer Defekt Brandursache gewesen sein könnte. Er zweifelte wortreich Gutachten an, die das Gegenteil belegten. Sein Mandant hatte vor Gericht von seinem Recht Gebrauch gemacht zu schweigen.

Das Urteil fiel im Mai 1992 hart aus: Sieben Jahre und drei Monate Gefängnis. Doch es scheint rückblickend mehr als angemessen in Anbetracht dessen, was an diesem Silvestertag in Hamburg unwiederbringlich verloren ging. Wer allerdings heute durch die Alsterarkaden spaziert, sieht nichts mehr von den Brandfolgen. Das zerstörte Gebäude wurde in jahrelanger Arbeit denkmalgerecht wieder aufgebaut.

Oben: Die Vegetarische Gaststätte über den Alsterarkaden vor dem Brand

Unten: Ein trauriger Anblick: Flammen schlagen aus den Alsterarkaden, eine gigantische Rauchwolke zieht über die City.

BLUTIGE LEKTION FÜR „ALBANER-TONI“

Der Tatort war das legendäre Bordell „Sabrina“ in Eimsbüttel. Das Opfer stammte aus dem Rotlichtmilieu und trug den Spitznamen „Albaner-Toni“, der Täter wiederum war der Zuhälter „Kölner Klaus“, und es ging natürlich um eine Prostituierte. Der Mordanschlag auf Sadri L., wie das heute über sechzigjährige Opfer eigentlich heißt, war eine Abrechnung im Hamburger Zuhältermilieu, wie sie klassischer gar nicht sein konnte.

Das Bordell befand sich in einer eher kleinen Wohnstraße unweit der Eimsbütteler Chaussee. Benannt war es nach seiner Chefin Beate Maria H., die alle nur „Sabrina“ nannten. Die Puffmutter hatte die weiße Altbauvilla 1979 gepachtet und dort ihren „Gentleman-Club“ erfolgreich etabliert. Das Wort „Bordell“ hörte Sabrina nicht so gern. Vor einiger Zeit war allerdings Schluss. Die Villa wurde saniert, und Sabrina genießt ihren Ruhestand nun in Bayern.

Aber zurück ins Jahr 1990. Am 27. November, kurz vor drei Uhr nachts, ist noch Betrieb in der Villa an der Waterloostraße. Sadri L., also besagter „Albaner-Toni“, sitzt in einer Nische des ziemlich plüschig eingerichteten Bordells und plaudert mit einem langhaarigen Herrn. Zoran L. (23) stammte aus dem ehemaligen Jugoslawien und soll mit Warenterminbetrug ein Vermögen gemacht haben. Die Nationalitäten der beiden Herren seien hier erwähnt, weil es vor dreißig Jahren im Rotlichtmilieu noch etwas ungewöhnlich war, keinen deutschen Pass zu besitzen. Doch ab Ende der 90er Jahre drängten neben Türken vermehrt Russen, Polen, Serben und Albaner ins Hamburger Milieu. Es kam zu brutalen Verteilungskämpfen. Und genau hier setzten auch die Ermittler an, die den Mordanschlag im Eimsbütteler Bordell aufklären sollten.

„Toni“ plaudert an diesem Abend angeregt mit Zoran L. Plötzlich geht ein etwa 35 Jahre alter Mann auf Sadri L. zu. Als der aufsieht, schießt der Täter „Toni“ mit einem Revolver in den Magen. Der reißt noch seinen Arm hoch, doch das Geschoss vom Kaliber 357 Magnum durchschlägt den Arm glatt. Dann rennt der Schütze davon und entkommt. Als die Polizei eintrifft, will keiner der anwesenden zehn Gäste etwas bemerkt haben. Einen plötzlichen Gedächtnisschwund hat auch das Opfer. Sadri L. macht keine Aussage vor der Kripo.

Nach einer Notoperation im UKE befand sich Sadri L. außer Lebensgefahr. Monatelang kamen die Ermittler nicht weiter. Doch dann wurde im Rotlichtmilieu gemunkelt, wer es gewesen war. Klaus K. (36) nämlich, ein Zuhälter, der auf St. Pauli „Kölner Klaus“ genannt wurde. Der Mann stammte aus der Domstadt, und auf dem Kiez war natürlich der „Kölsch-Pub“ an der Silbersackstraße sein Stammlokal. Klaus K. hatte nun angeblich eine Prostituierte geschlagen, die für „Albaner-Toni“ anschaffen ging. Der sann auf Rache, heuerte einen Rocker der Hells Angels an, und beide überfielen „Kölner Klaus“, vermöbelten ihn ordentlich. Eine schlimme Demütigung bedeutete das für Klaus K. Der besaß immerhin mehrere Absteigen und war Chef der Zuhältervereinigung „Kölscher Klüngel“ an der Davidstraße. K. hatte im Rotlichtmilieu einen Ruf zu verlieren. Um seine „Ehre“ wiederherzustellen, folgte dann seine Revanche im Bordell.

Im Milieu wollte man den Konflikt ohne die Polizei lösen. Klaus K. fuhr in seinem dicken Mercedes 560 SEC bei „Toni“ vor, und die beiden Zuhälter verhandelten über ein

Sadir L., genannt „Albaner-Toni" (auf der linken Seite in einem Lokal an der Reeperbahn). Er war ein Zocker vor dem Herrn, hier spielt er bei einem Box-Event in Wandsbek im Ring.

Schmerzensgeld. Sie einigten sich auf 25.000 Mark. Doch mit dieser außergesetzlichen Regelung war Hamburgs Kripo nicht ganz einverstanden. Schließlich langten die Beweise, und im September 1990 wurde Klaus K. verhaftet.

Im Dezember 1991 kam es in Hamburg zum Prozess. Klaus K. gestand den Schuss: „Ich wollte ihm eine Lektion erteilen, habe auf den Oberschenkel gezielt. Ich wollte Toni nicht töten." Er bat um „Verständnis" für die Tat. Sein Anwalt Norbert John ergänzte: „Im Milieu herrschen andere Spielregeln, es gibt andere Formen der Auseinandersetzung. Und überhaupt. So ein gezielter Schuss sei viel weniger schlimm als unkontrolliertes Zuschlagen. Dem wollte Richter Klaus-Ulrich Tempke nicht folgen, er sprach in seiner Urteilsbegründung von einer „niedrigen Gesinnung" des Angeklagten. Das Urteil: zwei Jahre und neun Monate Haft.

Als Klaus K. 1992 seine Haftstrafe antrat, wurde er ärztlich untersucht. Dabei stellte der Arzt fest, dass der Zuhälter Aids hatte. Ostern 1994 bekam der Todkranke Hafturlaub. Er starb in seiner Wohnung in Kaltenkirchen. Den Text der Todesanzeige hatte er vorher selbst formuliert: „Zum Sterben nicht in die Hölle und im Leben nicht zur Polizei. Eine schöne Party wünsch ich euch."

Über zwei Jahre sinnt ein 22-Jähriger auf Rache, bevor er einen Bordell-Boss ermordet. Dieser hatte vorher auf ihn geschossen.

TÖDLICHE RACHE MIT VIER KUGELN

Zeljan „Szelko" Krömer war ein vorsichtiger Mann. Der Boss eines Keller-Bordells an der Lagerstraße hatte deswegen immer eine Schrotflinte griffbereit hinterm Tresen liegen. Doch der Killer, der das üble Etablissement am 21. Dezember 1990 um kurz vor 23 Uhr betrat, war schneller. Viermal schoss er auf Krömer, alle Neun-Millimeter-Geschosse trafen den 40-Jährigen in den Oberkörper. Kugeln durchschlugen Herz und Lunge. Der Bordellier verblutete noch am Tatort.

„Club 25" – so hatte der Bordellchef seine Absteige genannt. Krömer war Ende der 80er Jahre aus dem ehemaligen Jugoslawien nach Hamburg gekommen. Durch Rücksichtslosigkeit und Brutalität hatte er sich hier innerhalb der „Jugo-Mafia" schnell eine führende Position verschafft. Die Gangster aus dem Balkan waren nach dem Fall des Eisernen Vorhangs nach Westeuropa geströmt und hatten sich mit örtlichen Zuhältern blutige Machtkämpfe geliefert.

Zeljan Krömer äußerte sich 1989 gegenüber der jugoslawischen Zeitschrift „Reporter": „Es ist völlig in Ordnung, dass die Frauen für uns anschaffen, denn deutsche Zuhälter sind reich genug." Krömer plauderte über seine schwierige Kindheit in Bosnien, wie er in Erziehungsheimen aufwuchs und sich schließlich bei der französischen Fremdenlegion meldete. Nach Dienst auf Korsika und in Übersee landete Krömer schließlich in Hamburg. Er begann als Waffenhändler und Hehler, wurde dann Bordellchef.

Nach dem Mord im Bordell gab es erste Zeugenhinweise. Der auffallend große Täter war in einem roten Ford Escort geflüchtet. Das Auto wurde von der Polizei in der Nähe der Hafenstraßen-Häuser entdeckt. Die Ermittlungen ergaben, dass der 22-jährige Zoran D. beim Besitzer des Autos in Köln übernachtet hatte. Er stahl die Schlüssel des Fahrzeugs und fuhr nach Hamburg. Und dieser im Milieu „Joca" genannte Einbrecher hatte ein Motiv. Am 16. Juni 1988 hatte Bordellwirt Krömer nämlich im Luruper Lokal „Bosna" dem jungen Einbrecher zweimal in die Beine geschossen. „Joca" hatte damals versucht, eine Prostituierte aus dem Keller-Bordell zu holen.

Landsleute legten den Schwerverletzten nach den Schüssen im Lokal einfach vor das Krankenhaus Altona. Monatelang musste Zoran D. in der Klinik bleiben und schmiedete dort die Rachepläne. Doch bis zur Ausführung vergingen genau 815 Tage. Im Februar 1991 veranlasste die Staatsanwaltschaft eine Öffentlichkeitsfahndung nach dem Täter und einem Komplizen, der den Tatort für ihn ausbaldowert hatte. Erst 1992 konnte Zoran D. in Italien verhaftet werden. 1994 folgte das Urteil in Hamburg: lebenslänglich!

2002 meldete sich der Häftling aus Santa Fu bei uns: Er sei jetzt Sänger und wolle mithilfe der MOPO die Charts stürmen. Wir besuchten Zoran D. in Haft, er übergab zwei CDs. Textprobe: „Menschen voller Aggressionen. Das Leben hier ein dissonanter Ton. Bitte rette mich ..." Das Ganze vorgetragen mit einer durchaus einprägsamen hohen Stimme. Musikprofis meinten, die Songs klingen wie eine Mischung aus Xavier Naidoo und Ayman. Zorans Lieder hießen: „Hilfeschrei", „Hoffnung" oder „Wer bin ich?"

Zu den Schüssen 1990 sagte Zoran D.: „Ich war 1988 aus einem serbischen Dorf nach Hamburg gekommen. Ich war größenwahnsinnig, wollte unbedingt Gangster werden und eine Hauptrolle wie im Actionfilm." Und nach einer Pause fügte er hinzu: „Ich hoffe auf eine zweite Chance."

Um 2009 dürfte Zoran D. aus der Haft in Hamburg entlassen worden sein. Was aus ihm geworden ist, ist nicht bekannt.

Mit dem Foto oben fahndete die Polizei 1991 nach dem Todesschützen Zoran D. (22).

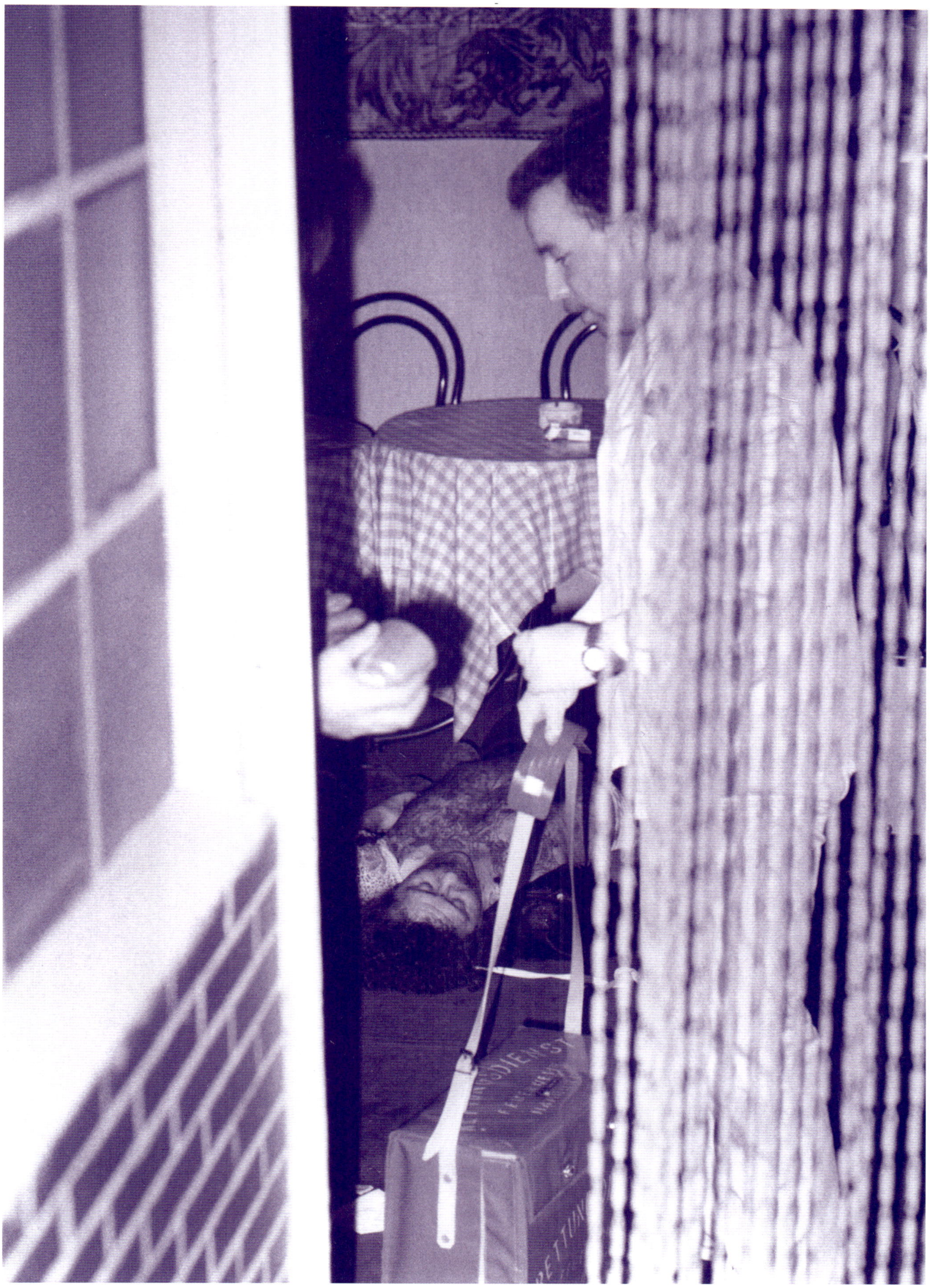

Der erschossene Zeljan Krömer liegt in seinem Keller-Bordell an der Lagerstraße 25.

Nach sorgfältiger Vorbereitung plündern zwei brutale Gangster einen Kellertresor. Trotz mutiger Gegenwehr eines Postbeamten erbeuteten sie 100.000 Mark.

BLUTIGER COUP IM POSTAMT GROSS BORSTEL

Der Coup war gut geplant: In der Nacht zum 25. Juni 1993 drangen zwei Männer ins Postamt Borsteler Chaussee 197 ein, um morgens die Mitarbeiter zu zwingen, den Tresor zu öffnen. Alles ging zunächst glatt, doch dann wehrte sich ein 43-jähriger Postbeamter.

Unbemerkt waren die beiden Räuber nachts an der Borsteler Chaussee durch Gärten an die Rückfront des Postamts geschlichen. Dort brachen sie ein nur dreißig mal vierzig Zentimeter großes Kellerfenster auf und stiegen ein. Das Duo wartete in aller Seelenruhe auf die Putzfrau. Um 6.20 Uhr erschien Ingrid H. Doch die hatte ihren kleinen schwarzen Mischlingshund dabei, der biss um sich, als ihn die Gangster packten. Der Widerstand des Vierbeiners war vergeblich. Die Täter steckten ihn einfach in einen Postsack und schnürten diesen zu. „Frauchen" wiederum wurde von den Männern erst gefesselt und dann vermutlich mit Chloroform betäubt.

Um 7.30 Uhr erschien der Postbeamte (ja, so etwas gab es damals noch) Udo M. an seiner Arbeitsstelle. Die Räuber bedrohten ihn mit einer verchromten Pistole und zwangen ihn so, den im Keller befindlichen großen Tresor zu öffnen. Die Gangster stopften mehr als 100.000 Mark und Telefonkarten im Wert von 4800 Mark in eine schwarze Reisetasche.

Dann wollten die Verbrecher den Postbeamten fesseln. Doch dagegen wehrte sich der 43-Jährige. Die Gangster schossen sofort und flüchteten danach mit ihrer Beute. Die Kugel hatte die Leber des Opfers verletzt und war nahe der Wirbelsäule stecken geblieben. Trotz dieser schweren Schussverletzung konnte der Postler noch den Direktalarm zur Polizei auslösen. Wenig später landete der Rettungshubschrauber am Tatort.

Udo M. wurde ins UKE geflogen und musste notoperiert werden. Auch die betäubte Putzfrau kam vorsorglich in eine Klinik. Polizisten befreiten ihren kleinen Hund aus dem Postsack und nahmen ihn mit auf die Wache. Die Fahndung nach den beiden Posträubern, beide trugen Troyer und hatten sich mit Strickmasken maskiert, verlief erfolglos.

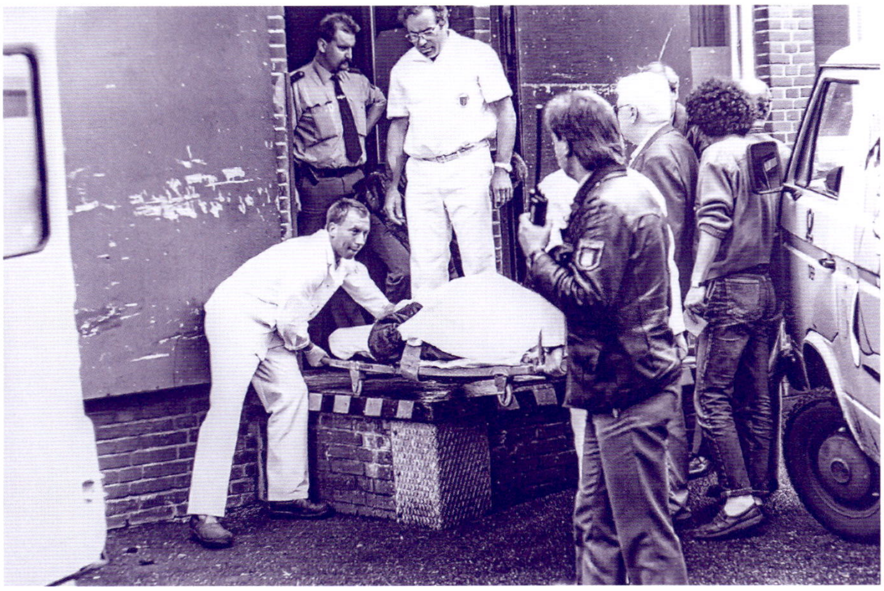

Nach dem Überfall wird der angeschossene Postbeamte Udo M. (43) aus dem Postamt zum Rettungshubschrauber gebracht.

Tag der Deutschen in Wimbledon

Graf, Becker und Stich im Achtelfinale / Nervenkrieg nach dem Skandal-Interview des Elmshorners – Sport ab Seite 18

HAMBURGER MORGENPOST

Österreich ÖS 8,–; Dänemark DKr 4,75; Portugal Esc 130,– Spanien, Balearen Pts 125,–

Sonnabend, 26. Juni 1993 · 70 Pf · C 1986 A

(040) [illegible] · Redaktion: (040) 88 303-0 · Anzeigen: (040) 88 303-336

Hamburg: Postraub brutal

Schuß in die Leber – weil er sich gegen Fesseln wehrte

Ungewöhnlich brutal schlugen zwei Posträuber in Hamburg zu: Sie schossen den Beamten Udo M. (43) kurzerhand von hinten in die Leber, als er sich nicht fesseln lassen wollte. Die Männer waren nachts in das Amt an der Borsteler Chaussee eingedrungen, hatten die Putzfrau betäubt und gefesselt, ihren kleinen Hund in einem Postsack verschnürt. Als Udo M. erschien, mußte er den Tresor im Keller öffnen. Die Räuber nahmen 100 000 Mark und Telefonkarten für 4 800 Mark mit. Der Beamte kam ins UKE. Er ist nicht mehr in Lebensgefahr. **Seite 8**

Rücktritt! Chef der Eurobank stolperte über teuren Marmor

Bericht auf der Seite 6

Da griff die „rote Heidi" zu

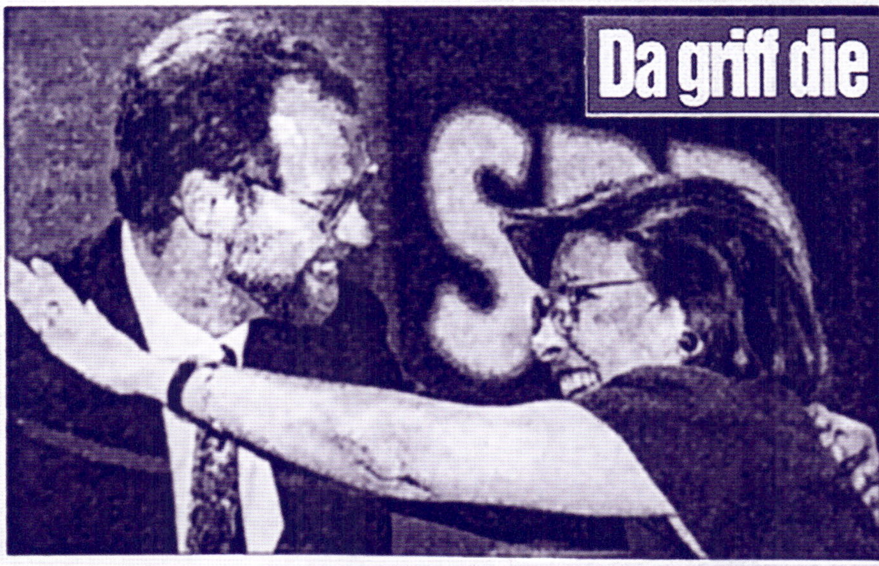

Kaum war der neue SPD-Chef gewählt, da drängten sich die Gratulanten, und beherzt griff die „rote Heidi" Wieczorek-Zeul als erste zu. So ganz hingerissen von ihrem Kandidaten waren die Delegierten in der Essener Gruga-Halle jedoch anscheinend nicht: Rudolf Scharping wurde mit 79,4 Prozent der Stimmen gewählt. Sein Vorgänger Engholm war noch auf 97,4 Prozent gekommen. **Berichte, Kommentar S. 2/3**

Kinderfest: Mit der MORGENPOST Riesenspaß bei Hagenbeck

S. 12/13

Bericht auf der Titelseite der MOPO am 26. Juni 1993.

TODESSCHÜSSE IN DER OSTERSTRASSE

Am 28. Februar 1991 wurde der U-Bahnhof Osterstraße frühmorgens zum Tatort eines brutalen Verbrechens. Ein Taxifahrer (55) erschoss seine Ex-Partnerin (51) mit einem großkalibrigen Revolver, richtete die schwere Waffe dann gegen sich selbst.

Ingeborg L. war wie jeden Morgen auf dem Weg zu ihrem Arbeitsplatz, dem damaligen Spar-Markt an der Ecke Osterstraße/Heußweg (heute befindet sich hier ein Edeka-Markt). Artur W., ihr Ex-Partner, wusste das. Nervös ging der schon grauhaarige Mann, der eine braune Lederjacke trug, in der Bahnhofshalle auf und ab und sah immer wieder auf die Uhr.

Um 6.30 Uhr verließ Ingeborg L. zusammen mit einer Kollegin (31) die U-Bahn. Artur W. packte sie am Arm. Ingeborg L. sagte zu der Kollegin: „Geh schon mal vor." Andere Fahrgäste drehten sich um, als die 55-Jährige schrie: „Es ist Schluss. Lass mich doch in Ruhe!" Dann fiel ein Schuss. Von einem Geschoss in den Kopf getroffen, brach Ingeborg L. tödlich verletzt zusammen. Der Täter richtete die Waffe auf sein Herz und drückte ab. Er starb wenig später im UKE.

Ingeborg L. war 1982 nach einer gescheiterten Ehe aus Sachsen-Anhalt nach Hamburg gekommen. Ihre Tochter ließ sie damals in der DDR zurück. Die Frau kam zunächst bei ihrer Mutter in Eilbek unter, fand dann schnell Arbeit in dem Eimsbütteler Supermarkt. Sie betreute dort den Obst- und Gemüsestand, war wegen ihrer Freundlichkeit bei Kunden und Kollegen überaus beliebt.

Dann lernte Ingeborg L. den Taxifahrer Artur W. kennen. Der gelernte Schmied aus Wedel war beim Bau der Fehmarnsundbrücke beteiligt gewesen, arbeitete bei Thyssen, fuhr zuletzt Taxi. Auch er hatte eine gescheiterte Ehe hinter sich, daraus waren drei Kinder hervorgegangen. 1990 scheiterte auch seine Beziehung zu Ingeborg L. – Artur W. trank, es war oft zu Streitereien gekommen. Auch um einen Mercedes, den er fuhr, den sie aber mit einem Kredit finanziert hatte.

Artur W. wollte die Trennung nicht wahrhaben und begann seine Ex-Partnerin zu stalken, angetrunken erschien er in dem Supermarkt an der Osterstraße und bepöbelte Ingeborg L. vor Kunden. Oft verbrachte der Mann seine Abende in Wedeler Kneipen. Als er einmal volltrunken war, sagte er in einem griechischen Lokal: „Wenn ich eine scharfe Waffe hätte, dann würde ich mich erschießen."

Am 28. Februar 1991 verließ er früh um fünf Uhr seine Wohnung in Wedel, Nachbarn wurden durch das Poltern wach. Der Taxifahrer hatte sich einen scharfen Revolver besorgt und wenig später machte er im Bahnhof Osterstraße seine Drohung wahr.

Oben: Im U-Bahnhof Osterstraße kämpfen Sanitäter und Notarzt um das Leben von Artur W., die Leiche der ermordeten Ingeborg L. ist mit einem Laken abgedeckt.

Unten: Der schwer verletzte Täter wird in den Notarztwagen gebracht. Er stirbt wenig später im Krankenhaus.

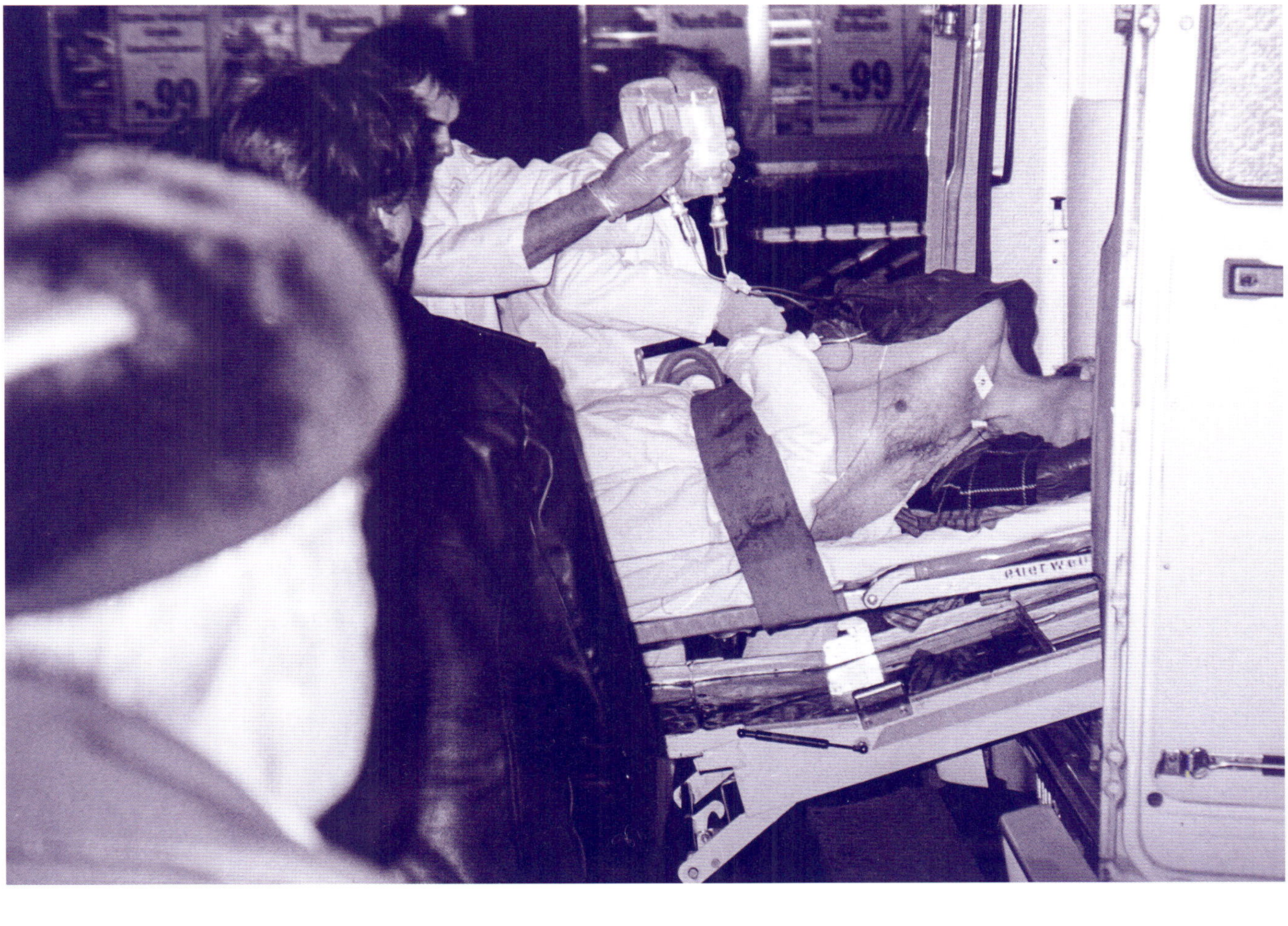
-.99
-.99

KILLERKOMMANDO IN FEINER GESELLSCHAFT

Der Tatort: das feine Pöseldorf. Das Opfer: ein wohlhabender Arzt. Die Täter: bis heute unbekannt. Doch eine Spur führt zu einem der größten Betrugsfälle, der im Zusammenhang mit der Abwicklung von DDR-Betrieben in den 1990er Jahren steht.

Am 23. Mai 1995 klingelt es mittags an der Wohnungstür von Dr. Jens-Peter L. an der Magdalenenstraße. Der 78-jährige Arzt öffnet arglos und wird sofort attackiert. Zwei Männer schlagen ihm eine schwere Messinglampe auf den Kopf, dann legen sie an sieben Stellen in der Wohnung Feuer.

Jens-Peter L. erleidet bei dem Angriff einen doppelten Schädelbruch, liegt stöhnend im Wohnzimmer. Die beiden Täter zünden noch seine Kleidung an und flüchten. Der Mediziner überlebt nur, weil ein Nachbar den Qualm bemerkt, die Wohnungstür eintritt und Jens-Peter L. aus den brennenden Räumen rettet.

Die Feuerwehr kann den Brand innerhalb einer halben Stunde löschen, und Jens-Peter L. wird vom Notarzt versorgt und dann in die Spezialklinik für Brandverletzte in Boberg gebracht. Dort verschlechtert sich sein Zustand. dreißig Prozent seiner Haut sind verbrannt. 16 Tage nach der Tat stirbt Jens-Peter L., ohne dass er vernommen werden konnte. Von den Tätern fehlt jede Spur. Nur Raubmord kann die Mordkommission ausschließen. Die gut gefüllte Brieftasche ist am Tatort zurückgeblieben, und auch sonst fehlt nichts in der luxuriösen Pöseldorfer Wohnung.

1996 berichtet die ZDF-Sendung „Aktenzeichen XY ... Ungelöst“ über den Fall. Doch bei der Hamburger Kripo trifft kein entscheidender Hinweis ein. Erst ein Jahr später ergeben sich plötzlich hochinteressante Ermittlungsansätze, und die führen ins Berlin der Wendezeit, genauer gesagt: zur Firma WBB-Wärmeanlagenbau. Die WBB war DDR-Monopolbetrieb für Fernwärme und Heizkraftwerke. 2000 Menschen arbeiteten hier an verschiedenen Standorten.

Die staatliche „Treuhand“, die damals die DDR-Betriebe „abwickelte“, verkaufte das angeblich marode und überschuldete Unternehmen 1991 für gerade mal zwei Millionen Mark an eine Schweizer Firma. Der Preis war lächerlich niedrig. Allein die Firmen-Immobilien, vor allem in gefragten Berliner Lagen, waren ein Vielfaches wert. Die Firmenzentrale an der Wallstraße im Bezirk Mitte wurde schon damals mit gut 100 Millionen Mark bewertet.

Hinter der Schweizer Firma, die WBB kaufte, steckten westdeutsche Manager, die das Unternehmen, in dem zum Schluss noch 750 Mitarbeiter angestellt waren, 1994 in die Pleite führten. Dabei zogen sie mal eben rund 200 Millionen Mark aus der Firma, verschoben dieses Vermögen auf

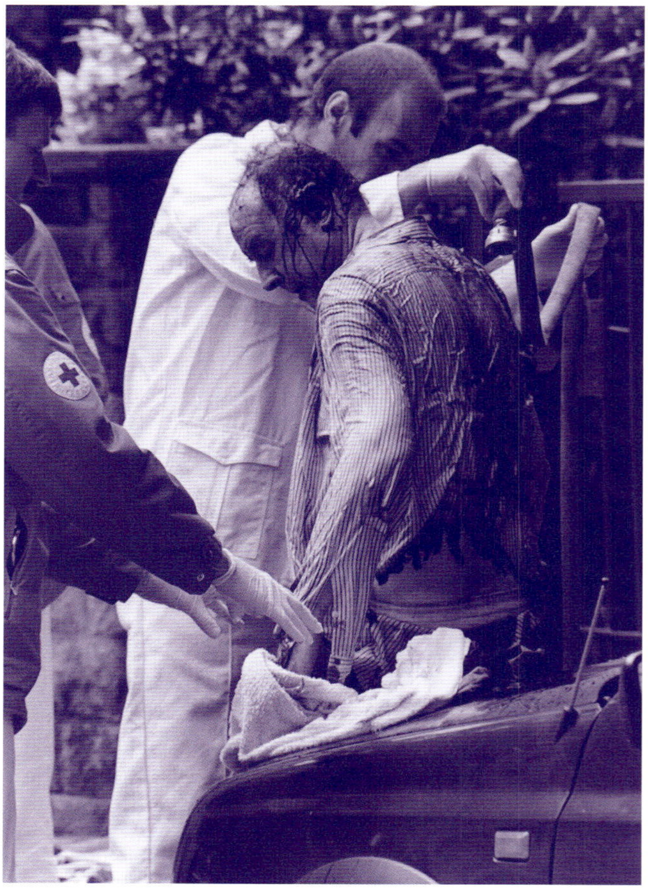

Linke Seite: Nach dem Mordanschlag wird Dr. Jens-Peter L. (78) an der Magdalenenstraße von Rettungssanitätern versorgt.

Rechts: Ein Feuerwehrmann löscht den Brand in der Wohnung Magdalenenstraße 66.

Konten weltweit. Ein Staatsanwalt sprach damals von einem „vollen Programm der systematischen Ausplünderung".

Für die 1991 gegründete „Zentrale Ermittlungsstelle für Regierungs- und Vereinigungskriminalität" (ZERV) ist es der größte Fall überhaupt. Jahrelang ermitteln Dutzende Kripoleute und Staatsanwälte. Im Oktober 1995 schlagen die Ermittler zu, und 800 Beamte durchsuchen Firmengebäude und Wohnungen. Fünf Männer werden später angeklagt und drei 1999 auch zu Haftstrafen verurteilt.

Nur wenige Monate vor den Durchsuchungen 1995 wird Jens-Peter L. überfallen. Er sitzt damals im Beirat der „Hotel Marbella Sch. KG". Und auf Konten dieses Unternehmens landen vermutlich 50 Millionen Mark aus dem entzogenen Vermögen des Berliner DDR-Betriebs WBB. Das dürfte Beiratsmitglied Jens-Peter L. auch bekannt gewesen sein.

Vermutlich wusste er auch über die Ermittlungen der ZERV Bescheid. Fürchtete er auch eine Ermittlung gegen sich und wollte deswegen über Hintermänner der Betrügereien auspacken? Es ist nur eine Theorie, dass ebenjene Hintermänner ihm deswegen zwei Killer geschickt haben. Aber wurde hier jemals intensiver ermittelt? 27 Jahre später kann diese Frage niemand mehr beantworten. Auf eine Anfrage der MOPO teilte die Hamburger Staatsanwaltschaft mit, dass der Fall als „ungeklärt" zu den Akten gelegt worden ist.

Ausgerüstet wie für einen Kriegseinsatz, stürmt ein Zuhälter ein schäbiges Bordell gegenüber dem Millerntor-Stadion. Dabei gab es Tote und Verletzte.

DIE SCHLIMMSTE SCHIESSEREI DER KIEZGESCHICHTE

In dem modernen Bürohaus Budapester Straße 45 – schräg gegenüber dem Millerntor-Stadion – befindet sich heute ein schicker Fahrradladen. Nichts deutet darauf hin, dass hier jahrzehntelang ein schäbiges Bordell betrieben wurde. Das Gebäude gibt's längst nicht mehr. 1996 wurde das „Blue Night" zum Schauplatz der schlimmsten Schießerei der Kiez-Geschichte. Sie forderte zwei Tote und vier Schwerverletzte.

Der Zuhälter Volker „Volle" Lüben hatte einen großen Traum: Endlich eine Kiezgröße zu werden. So richtig mit massivgoldener Rolex voller Brillis, nagelneuer Mercedes S-Klasse und was sonst noch so zu den Insignien der Männer gehört, die im Rotlichtmilieu Mitte der 90er Jahre das Sagen hatten.

Davon ist der 42-Jährige 1996 allerdings weit entfernt. Er hat es gerade mal zum Boss eines drittklassigen Bordells an der Süderstraße unweit des Autostrichs gebracht. Lüben fährt einen betagten Porsche 928, und die Rolex an seinem Handgelenk ist nur ein „Blender".

Doch eine Regel gilt bis heute im Milieu: Je niedriger dort jemand auf der „Karriereleiter" steht, umso mehr achtet er auf seine zweifelhafte „Ehre". So ist der Gedanke für Volker Lüben unerträglich, dass eine fiese Attacke auf seine Absteige ohne entsprechende Antwort bleiben könnte. Luden-Konkurrent Ünal B. (28) hatte Lübens Puff an der Süderstraße mit dem Baseballschläger in der Hand betreten. Die Männer in seiner Begleitung trugen Axtstiele. Der Schlägertrupp leistete ganze Arbeit und zerlegte das Bordell. Angeblich soll es dabei um eine 19-jährige Prostituierte gegangen sein und darum, wer künftig ihre Einnahmen bekommen sollte.

Volker Lüben sinnt auf Rache – und er bereitet sich vor, als wolle er in den Krieg ziehen. Am Abend des 9. November 1996 legt er eine schusssichere Kevlar-Weste an. „Volle" ölt seine großkalibrige Colt-Pistole (Kaliber 11,3 Millimeter) und schiebt das mit sieben Patronen gefüllte Magazin in die Waffe. Dazu steckt er drei weitere Magazine ein. Eine Taschenpistole vom Typ Derringer, ein Nato-Kampfmesser und ein Stoßdolch komplettieren seine Ausrüstung. Als er in seinen Porsche steigt, legt der Bordell-Chef noch eine Axt hinter den Sitz. Sicher ist sicher!

Lüben fährt zur Budapester Straße. Schräg gegenüber dem St. Pauli-Stadion befindet sich damals das Bordell „Blue Night" in einem unscheinbaren Flachbau. Es gehört Ünal B. – dem Zuhälter, der Lübens Puff zerlegt hatte. Lüben trifft sich mit zwei Männern. Bis heute ist unklar, wer sie sind. Sie halten eine abgesägte doppelläufige Schrotflinte und Neun-Millimeter-Pistolen in den Händen, als sie zusammen mit Lüben gegen drei Uhr das „Blue Night" stürmen. Dort herrscht in dieser Sonnabendnacht Hochbetrieb. Zwanzig Gäste sind da und etwa ein Dutzend Huren.

Lüben brüllt: „Hände hoch, alles hinlegen." Die Huren flüchten schreiend in die Hinterzimmer. Die drei Männer richten ihre Waffen drohend in Richtung des Bar-Tresens. Dann holt Lüben seine Axt raus und zertrümmert das Mobiliar. Plötzlich fällt ein Schuss. Der türkische Barkeeper des „Blue Night" hat eine Pistole gezogen und schießt. Die Angreifer erwidern das Feuer. Die wilde Ballerei dauert zwei Minuten. Mindestens 29 Schüsse fallen. Volker Lüben wankt sterbend auf die Straße. Ein Geschoss hat ihn knapp über seiner Schutzweste in die Halsschlagader getroffen.

Er verblutet innerhalb von Minuten. Auch sein Widersacher Ünal B. stirbt. Zwei seiner Mitarbeiter (24/31) und zwei Gäste (22/25) überleben mit schweren Schuss- und Stichverletzungen. Nur Lübens unbekannte Komplizen entkommen unverletzt.

Hamburg ist geschockt. Eine Schießerei wie im Chicago der 20er Jahre oder in der Mafia-Metropole Palermo mitten in der Hansestadt! Der Senat ist alarmiert. Die Innere Sicherheit wird zum beherrschenden Thema in Hamburg. Die Polizei reagiert mit Razzien im Rotlichtmilieu, nimmt Dutzende Gewalttäter fest. Doch es dauert noch Jahre, ehe sich die Situation auf dem Kiez schließlich beruhigt.

Mitarbeiter eines Bestattungsinstituts tragen einen der Erschossenen aus dem Bordell zu einem Sarg.

In einem Fitnessstudio rastet Samir B. plötzlich aus.

Dann folgte ein Amoklauf am Grindel mit vielen Verletzten.

DAS BLUTBAD IM UNIVIERTEL

Samir B. nahm eine Geisel, raste durch Eimsbüttel und Hoheluft, feuerte mehrfach auf Polizisten. Am Grindelhof zündete der 25-Jährige schließlich eine Handgranate: Die Spur der Gewalt, die Samir B. vor fast genau zwanzig Jahren in Hamburg hinterließ, ist beispiellos.

Alles beginnt am 26. Februar 2001 um 15.16 Uhr mit einem Routineeinsatz der Polizei an der Eimsbütteler Chaussee. Im dortigen Fitnessstudio „Body Top" randaliert Samir B. und wirft eine Fünf-Kilo-Hantel durch die Scheibe. Als Polizisten ihn wenig später am Doormannsweg stellen, zieht der muskulöse Mann eine Neun-Millimeter-Pistole und schießt auf die Beamten. Die erwidern das Feuer, doch Samir B. feuert immer weiter. Kugeln verfehlen Passanten nur um Haaresbreite.

Der Amokläufer rennt über den Eppendorfer Weg zur Gärtnerstraße. Dort sitzt ein 34-jähriger Elektriker in seinem Ford Transit. Samir B. reißt die Beifahrertür auf, springt in das Auto, hält dem Handwerker die Pistole an den Kopf und zwingt ihn loszufahren. Aus dem Auto heraus schießt Samir B. auf verfolgende Streifenwagen. Die Fahrt geht über Eppendorfer Baum und Hochallee bis zum Grindelhof. Der Geiselnehmer zwingt sein Opfer, über rote Ampeln zu rasen, lädt seine Waffe nach und feuert immer wieder aus dem Autofenster auf Polizisten. Inzwischen verfolgen zwanzig Streifenwagen den Transporter.

Am Grindelhof, unweit des Geschäfts „Blumen Lund", können Polizisten den Transporter mit einem Streifenwagen abdrängen und so die Amokfahrt stoppen. Doch in dem Moment, als Beamte mit gezückten Waffen auf den Transporter zulaufen, zündet der Geiselnehmer eine Handgranate. Der Sprengkörper verletzt die Geisel schwer, auch zwei Polizisten werden durch Splitter verletzt. Die Detonation der Granate reißt dem Täter die rechte Hand ab.

Erst einen Tag nach dem Amoklauf kann die Identität des Verbrechers ermittelt werden. Samir B. war 1996 aus Algerien nach Deutschland gekommen und hatte einen Asylantrag gestellt. Der wurde abgelehnt. Zu einer Abschiebung kam es allerdings nicht, weil Samir B. keinen Pass besaß. Er landete wegen kleinerer Delikte im Knast, nach der Entlassung lebte er in einer Flüchtlingsunterkunft in Sasel.

Bei den Ermittlungen nach dem Amoklauf kommt heraus, dass Samir B. bereits fünf Tage vorher eine Gewalttat verübt hatte. An der Knorrestraße in St. Georg griff Samir B. ein schwules Paar an, beschimpfte die Männer (26 und 35) als „Schweine". Er verfolgte das Paar, stach dem Älteren mit einem Messer in den Rücken, schlug den Jüngeren zu Boden und schoss ihm in die Hüfte. „Eiskalt wie ein Roboter" hätte der Angreifer agiert, erzählte ein Opfer.

Im Juli 2001 steht Samir B. vor dem Landgericht, sagt: „Ich wollte sterben, ich wurde verfolgt. Was sollte ich machen?" Ein Gutachter bescheinigt dem Täter eine paranoide Psychose, also so etwas wie „Verfolgungswahn". Am 2. August entscheidet das Gericht, dass Samir B. auf unbestimmte Zeit in der geschlossenen Psychiatrie untergebracht wird.

Oben: Der Beamte rechts wurde von einem Granatsplitter getroffen. Seine Schutzweste bewahrte ihn vor einer schweren Verletzung.

Unten: Am Grindelhof steht der Transporter nach der Explosion mit zerstörter Scheibe. Im Hintergrund wird der verletzte Fahrer abtransportiert.

Budweiser
Budvar
Krombacher
grindelhof
66
Blumen Lund
2,90
FEUERWEHR
Elektroanlagen
Hausgeräte
Beleuchtungsanlagen
Alarmanlagen

Der Autor
Thomas Hirschbiegel ging 1977 direkt von der Schule zur MOPO, war erst zehn Jahre Fotoreporter und dann ab 1987 Redakteur mit den Spezialgebieten Polizei, Architektur und Stadtentwicklung.

Bildnachweis
Tobias Heldt: S. 2, André Zand-Vakili: S. 4 o., DB Heidtmann: S. 24, picture alliance/dpa: S. 25, hintere Umschlagseite: Wolfgang Köhler; Polizei (Täter/Opfer, Tatwaffen): S. 8, 12 o., 18, 28, 38, 56, 68, 70, 75 o., 86, 92, 94, 96, 97, 103 l.u., 108; privat: S. 4 u., 20, 22, 29, 32, 34, 37, 40, 42, 51, 52, 74, 84, 88, 90, 91, 93, 102, 106; unbekannt: 76, 77 o.
Alle weiteren Bilder einschließlich der Coverabbildung: Thomas Hirschbiegel

Junius Verlag GmbH
Stresemannstraße 375
22761 Hamburg

Printed in the EU
1. Auflage 2023
ISBN 978-3-96060-579-9

Design, Layout und Satz:
Benjamin Wolbergs, Berlin

Die Deutsche Nationalbibliothek verzeichnet diese Publikation in der Deutschen Nationalbibliografie, detaillierte bibliografische Daten sind im Internet über http://dnb.dnb.de abrufbar.